# 愛的共時校準

## 與星際馬雅 13 月亮曆同頻創造

著＿＿彭芷雯

　　當我收到芷雯邀請我為她的新書《愛的共時校準：與星際馬雅 13 月亮曆同頻創造》寫推薦序時，我是感到十分共時且驚喜的。首先，立刻校準到的共時是：2023 年 7 月 22 日，星系印記是 kin 170，磁性的白狗，白狗的關鍵力量：愛，將引領我們從 2023 年 7 月 26 日進入 13 月亮曆的超頻的白巫師年。愛，不但把我們的心串連起來；愛，亦貫穿了一整個自然週期序的 365 天。想到此，這不是正符合本書著述的核心，以「愛」為名的一次創作嗎？！

　　其實，還有另外一個再共時不過的發生，雖有點羞於表白出來，但這麼美好的共時發生，實在是不忍隱藏啊！而這個共時就是：7 月 22 日正是我的生辰，意指著我今年的生日，星系印記就是 kin 170，磁性的白狗，所以「愛」就是我這一整年生活的主色調！然而，每一個磁性、調性都兼具著波符的時間功能，代表著引動，以及目的的頻率，這不僅讓我深刻地感覺到，現代人確實需要更真切地了解到：生命若要引動愛，必然就要先從無條件的愛自己、或從自愛開始啊！你覺得呢？

　　再則就是想分享那個讓我驚喜的部分。從 2011 年邀請芷雯帶領墨西哥聖地團，到現在 2023 年，事隔竟已 12 年，而今，她將自己學習以及使用星際馬雅 13 月亮曆的經驗、見識、實踐以及研究著作闡述，藉以文字來傳播，讓更多的人們，也有機會可以接觸且學習星際馬雅 13 月亮曆，進而可以對「時間」的多重現象有更多的反思，甚或從中發現那些我們過去自以為是的，或那些根深柢固所認為的「時間」，事實上是虛假的、人造的且違反自然的；只是因為我們往往對於所謂的常識太過於習以為常，且幾乎失去了覺知與覺察的敏感度而已。所以，我們根本無法發現存在本身時刻都在為我們揭開動態的真相，抑或，真相在，也不在。就像時間存在嗎？時間在，也不在。

無論如何，總而言之，當有人問我：一定要學習星際馬雅13月亮曆嗎？我肯定回答：一定。為了可以把日子「過」好，抑若作者所言：「有意識地過生活」以及「覺知，是第一件事，也是最後一件事。這本書希望帶給你的，就是日日校準的工具」。日日校準過好每一個日子，我想與大家一起有意識的過好日子。

　　然而，怎麼學習有意識地過好日子呢？親愛的讀者，千萬不要錯過這本《愛的共時校準：與星際馬雅13月亮曆同頻創造》。我相信，對於完全不知道13月亮曆的讀者們，這本書絕對可以讓讀者在閱讀的過程就能經歷到同頻創造的神奇美妙。且可以在跟隨13月亮曆的日常中，去創造自己的共時生活，去敘寫自己的預言神話。

　　最後，除了要恭喜芷雯，更要深深地祝福《愛的共時校準：與星際馬雅13月亮曆同頻創造》新書大賣。全球所有人類，人手一本。


（作者為亞洲時間法則創辦人）

## 〔推薦序〕跟著時間法則過生活的最好入門書／田定豐

我們來到這個世界的目的是什麼？

就是能憶起自己是誰，此生該走在什麼樣的正確道路？

我在芷雯第一本書《一個人的聖境之旅》時便與她相識。當時只是覺得，她是讓人覺得相處起來很舒服的朋友。至於聖地和能量之間的關聯，對當時的我來說，還是挺模糊的概念。

我就像一般人一樣，知道「能量」無所不在，但不知道如何和它連結，更別提運用宇宙的「時間法則」，來幫助自己校準生活日常。

直到三年前，發現自己一直踩著相同的「坑」，開始懷疑起自己的人生為什麼總是這麼「卡」後，才開始進入身心靈的學習。

發現原來這些「坑」的源頭，竟是來自內在種下的潛意識在默默地主導。後來透過各種能量工具的學習，開始深入覺察和移除這些種在潛意識的種子。

也在這個過程裡，接觸到荷西博士根據宇宙運行的自然規則所創造的「13月亮共時曆」，明白了我們所有的人都活在時間混亂的日常，而與自然漸行漸遠。

而正確的曆法是能讓我們與地球、太陽、月亮以及星辰有和諧的關係。當所有人們活在一個不正確的曆法下，錯誤的集體意識就會帶來個人與世界都處於不和諧的混亂。

如同芷雯在這本《愛的共時校準》裡提到，空間影響我們的感官，時間就會影響我們的心智。

而當我們能藉由「13月亮共時曆」來重新校準內在，就能由內而外地從心出發共時生活。

但要如何學習這套正確的時間法則過生活呢？這本書可以說是最好的入門。

從 20 個圖騰與 13 個調性去認識每一個圖騰和調性的本質，再對照當日星系印記，從宇宙源頭的每一日能量，來看見自己的日常生活事件與祂呼應，憶起自己真正的身分與道路，順流在和諧的頻率中，活出本該俱足的豐盛。

我們都能在這本《愛的共時校準》的指引下「有意識的感知時間，就是有意識的生活」。

（作者為音樂人、聲波療癒師）

**校準回歸，活在生命之流**／阿光（游湧志）

　　線性時間滿足了大腦存儲功能，於是，經驗法則建構了信以為真的世界。綜觀世上的成功學，強調累積經驗、高舉勤能補拙的價值，不就是要我們放棄獨一無二！這過程中碰撞出的一身習氣，讓人忘記了降生時的靈魂藍圖，不禁呢喃地問：我是誰？

　　我與芷雯都是喜歡旅行的人，短暫跳脫原本的生活脈絡得以觀照自身，而聖地之旅更是一趟走入內在聖境的校正回歸。如今，芷雯進一步的透過「13 月亮曆」作為校準，進行長達十多年的生命回顧，發現所謂的共時性，是生命當下愛的回應。《愛的共時校準》帶來有意識的故事版本，更是一條走入生活的朝聖之路，明白「我活著」的和諧體驗。

　　（作者為廣播節目「今夜，遇見小王子」主持人、作家、台中市前民政局長）

看著書中的每句話，我心中一直吶喊著「天呀！天呀！」同步像光的頻率一般一直刷下來、全身一直不斷地起雞皮疙瘩回應著我。整個人的能量場都與文字同頻，感動著、振動著、時不時眼眶含淚看著幾乎每一段與我深有共鳴的句子。

2014 年秋分，我跟著芷雯帶領的馬雅聖地之旅，回來之後生命彷彿轉個彎，一直被宇宙共時之流推動著、被地球母親的愛給捧著、分享 13 月亮曆法的道路，就這樣一路走到現在也 9 年了，對我來說，這真的是一個生命能量與靈魂使命的開始。

學習星際馬雅 13 月亮曆的星際家人們一定也會跟我一樣深深愛上這本書，這套自然法則的共時曆法，基礎本質來自銀河源頭，不僅疏通與連結整個地球的能量網格，現在又能透過芷雯每一段生命故事結合聖地旅行的分享，錨定天地人的能量頻率，真正帶領我們回歸陰性力量，回歸愛。

（作者為左西人文空間創辦人）

# －目次－

## 第一章　有意識的過生活 17

## 第二章　曆法就在生活裡 37

# 第一章　有意識的過生活

一切都在神聖秩序裡，你需要的只是校準。

有意識地過生活，就像配備了自動導航系統，共時性的發生會校準前進的方向。

覺知，是第一件事，也是最後一件事。這本書希望帶給你的，就是日日校準的工具。

透過 13 月亮共時曆，運用其中的提醒，把我們帶回生命之流裡。

13 月亮共時曆，讓你每天與銀河源頭校準，接收屬於自己的高靈訊息。

順著流，回到大海的源頭。

# 一、緣起：為何寫這本書？

2011 年春分，我第一次去到馬雅之地。在旅程中馬雅老師告訴我們，我和同去的兩位夥伴曾是馬雅時的姊妹，這是一次憶起之旅。回來後不久，她們共同合作了第一本將 13 月亮曆法（時稱「馬雅宇宙曆」）介紹到華人世界的中文書。

但直到 2018 年，我才開始學習 13 月亮曆。2018 年 6 月在我帶領的秘魯聖地之旅中，有兩位同行夥伴時常在旅途中分享 13 月亮曆，一路上聽她們猜測誰是什麼印記、誰又是什麼特質，雖然不了解她們到底在興奮地說什麼，倒也慢慢聽出了興味。在她們力薦下，我開始學習 13 月亮曆，也是我在 2018 年 9 月送給自己的生日禮物。*

2019 年，開始閱讀荷西博士**的原文書《馬雅元素》（*Mayan Factor*），漸漸明白馬雅與 13 月亮共時曆的關係。

2022 年 6 月 13 日（kin 26 宇宙白世界橋，白巫師波的最後一天）早起靜心之際，突然感知到似乎有個意識之流的傳承，來到我的生命裡。

這天清晨才開始靜心練功沒多久，意識就回到了 2011 年春天時的馬雅之地。那時是我第一次來到墨西哥，在 3 月 23 日這天，我們在奇琴伊查象徵宇宙太陽曆的金字塔前，見證了羽蛇神下落人間的美妙時刻（圖 A1, A2）。多年後才知道，那天正是荷西博士的身體離開地球的時候！荷西博士在《馬雅元素》書中說，他於 14 歲時在特奧蒂華坎（Theotihuacan）的太陽金字塔上，接收到天啟並許下承諾，開始了他 33 年的追尋之旅。多年後我才倏地明白，2012 之後的諸多旅程，都是起源於 2011 年的馬雅之旅。

---

* 在本書中我會交替使用「13 月亮曆」、「13 月亮共時曆」這兩個名稱。許多古老曆法都是月亮曆，一年有 13 個月，而這套與馬雅有關，由荷西博士傳輸下來的時間法則，我個人覺得應叫做「13 月亮共時曆」。

**關於荷西博士，詳見附錄一。

我想起了 2011 年 3 月 28 日（kin 94 電力白巫師，黃人波），我們來到了叢林深處的帕連奎（Palenque）。在馬雅老師帶領啟動儀式後，第一次步入此地的場域時，眼淚竟莫名地決堤而出。我不知道那是什麼地方，也不知道裡面有什麼，內在情緒有如不小心被打開的潘朵拉的盒子，激動得止不住眼淚。

數天後，我們再次回到帕連奎做水晶頭顱的閉幕儀式，在當地女祭司的帶領下，我們不斷呼喊著「帕卡沃坦、帕卡沃坦、帕卡沃坦（Pacal Votan）」，當時的我根本不知道誰是帕卡沃坦、為什麼要呼喊祂的名。我們所有人圍成一圈，全都進入了一個超越時空的狀態裡。我莫名大哭、眼中含著欣喜的眼淚，那是一種好深的認出……儀式結束後，每個人感動地相互擁抱，我的頭腦無法明確地理解發生了什麼，只知道經歷了一個超時空的過程，而這個儀式的影響竟如此深。*

帕卡沃坦，是多次元的存有。原來，祂一直都在。

多年後的這一天（2022 年 6 月 13 日，kin 26 宇宙白世界橋，白巫師波的最後一天），所有曾經的感知都共時地到位了。內在有深深的感動，明白這些連結與旅程，原來帶著傳承。我相信有許多人都接收到傳承 13 月亮曆的信息，並且以自己的方式延續發展。這是 13 月亮曆法的美妙之處：不是由某個權威說了算，也不是由某個教派守護，而是宣揚給更多的人，讓人們明白時間的本質，一起走上意識覺醒之路。

## 生命中的共時旅程

生命之流帶著我去過許多地方，我從外在的旅行，觀照內在的發生，那是從內而外、亦是從外而內徹底翻轉的過程。但我從沒想過把這些旅程日期拿出來與 13 月亮共時曆對照。前陣子突然有個靈感，何不將這些聖地之旅比對 13 月亮曆的能量流，以每個太陽圖騰為主題，來述說這些年來的體會與看見？雖然

---

* 詳情請參閱第二章〈2. 時間：永恆當下的多重宇宙──白巫師波〉。

不確定會有什麼發現，我仍順服於內在「Just Do It」的聲音，沒想太多就開始投入這個計畫裡。

當我開始認真地對照這幾年聖地之旅的日期與 13 月亮共時曆，不禁連連驚呼。我的出生波符是紅地球波，紅地球的關鍵特質是共時、演進與導航。我的第一本書《一個人的聖境之旅》，描述了我隨順共時性的發生，走入各個聖地，在其中學習成長的過程。多年後從 13 月亮共時曆中，才終於理解這些年的旅程，竟如此符合我的星系印記組合，原來所有的發生都在更大的神聖秩序裡！

在一次靜心之後，內在接收到一段訊息：**造訪聖地，並不是觀光旅遊，而是生命藍圖的安排。**地球的聖地，就像是人體的穴道與脈輪，連結聖地之間的地球靈線（leyline），就像是身體的經絡。當我們有意識地造訪聖地、在聖地做儀式，就像是疏通身體的穴點，目的是使地球的「經絡」（能量網格）暢通升級。書寫聖地之旅的故事，並不在於抒發個人的旅行見聞，而是有意識地放入聖地能量，將頻率錨定在文字裡，讓每個看見這些文字的人，即使未能親自造訪，也能共同參與、連結到聖地的頻率。

《黎明行者》是美國傳訊者芭芭拉・馬西妮亞克傳導昂宿星人訊息的書。書中提到 DNA 是真理與生命的活歷史，最早的 DNA 所展現的基因藍圖系統，是以「12」這個數字為依據。但事實上，地球其實是處在 13 的系統中。「13 系統將會來臨，不久你們會向這個系統敞開，因為你們將超越時間。13 的能量超越邏輯，也超越強加的體系。」[*]

**如果把地球視為人體，那麼聖地就像是地球的重要穴道。**而 13 月亮共時曆來自銀河源頭，透過人下載訊息，疏通與連結整個地球的能量網格。這是聖地之旅真正的意義，也是這本書的目的之一：**結合天（13 月亮共時曆）與地（聖地能量點），**

-----

\* 《黎明行者》P.125。

透過人的連結與運作，整合天地人的力量，協助地球進化揚升。


## ☆「名正則言順」：馬雅曆？ 13 月亮曆？星際馬雅 13 月亮曆？

我或許是國內知道荷西博士這套曆法的前面一批人。早在 2011 年，兩位同去馬雅的前世姊妹就已和我分享這套曆法的神奇。但頭腦雖然知道，我卻一直到 2018 年才開啟了學習。

為何如此？因為我的內在始終無法認同以「馬雅曆」來稱呼這套曆法。

從 2011 年第一次去馬雅之地，到之後多次帶團到馬雅，當時跟著當地的馬雅老師學習，使我知道，在馬雅之地使用的馬雅曆與荷西博士的這套曆法並不相同。

不可諱言，2012 的末日預言，讓馬雅的曆法與文明重新被世人重視，不僅帶動了墨西哥的觀光熱潮，也讓人們開始探究到底馬雅人曾經留下什麼。而荷西博士的 13 月亮曆，也就搭著這班 2012 列車，以「馬雅」之名來到了亞洲。

因為覺得荷西博士「馬雅曆」的名稱名不符實，所以我一直無法進入這套曆法的學習。在 2018 年開始接觸荷西博士的「馬雅曆」（13 月亮曆）後，我才赫然發現，13 月亮共時曆是個超越線性三次元思惟、協助提升意識非常好的途徑，但過往卻因為「名稱」讓我覺得無法對頻，直到接觸到它更正確的名稱「13 月亮曆」，我才開始有了相應。

荷西博士取用了馬雅曆中的卓爾金曆，作為曆法中的「馬雅元素」，但 13 月亮共時曆不等同於馬雅曆，這是讀者需要先明白的。「馬雅曆」是指馬雅人所使用的曆法，而「13 月亮（共時）曆」或「星際馬雅曆」則是指荷西博士擷取馬雅曆法中的卓爾金曆，以及後來他透過心電感應下載而來的龐大信息所發現的時間法則。

名稱重不重要？當然很重要！名稱是一種頻率，以多次元的角度來看，更是其在宇宙中的定位。比方說，如果要讀取靈魂紀錄（如前世今生），有些解讀師只要憑「名字」就能抓取此人在宇宙中的紀錄。我曾問過某位老師為何能如此，他告訴我，因為每個名字的發音都是頻率，即使他是外國人、聽不懂這個名字是什麼，但僅憑

發出的音頻，就可抓取此人相關的紀錄。宇宙中的一切都是能量，也就是頻率，頻率（名稱）不對了，後續要接引的能量也就不純粹了……

　　雖然這套曆法的正確名稱並非馬雅曆，但這些年來許多人都聽過「馬雅曆」，雖然不見得知道到底是什麼，卻也成功地引起大眾的興趣。再一次的，宇宙的神聖計畫，並非人類局限的大腦能解析。All is well，一切都在神聖秩序裡，一切的發生盡皆美好。

# 二、擁有你的時間

誰擁有你的時間，就擁有你的心智。

當你擁有時間，你就會知曉你的心智。

——荷西・阿圭列斯，《論述時間》


我們每天使用的日曆是怎麼來的？

現行通用的曆法「陽曆或新曆」，是天主教宗格里十三世在 1582 年頒行，所以又稱為格里曆，是目前國際上最被廣泛使用的曆法。但大部分的人甚至不知道，這套曆法只不過使用了四百多年而已。

格里曆並不是個「自然」曆法，雖然是依據地球繞太陽運轉的週期而訂，以 365 天均分為 12 個月份，但每個月的時間並不等長。在格里曆之前，歐洲使用儒略曆，是個複雜的月亮曆法，但因為有計算上的失誤，使得誤差越來越大，所以教宗格里戈利十三世，就決定採用新的曆法。但是在當時為了修正之前儒略曆的錯誤，所以在宣布改換成格里曆時，有 10 天的時間就消失了！當新的格里曆在 1582 年 10 月 4 日正式運作時，人們隔天醒來的新日期不是 10 月 5 日，而是 10 月 15 日！但是在歷史上這並不是唯一一次日子在日曆裡消失。當英格蘭於 1752 年 9 月 2 日轉換成格里曆時，人們醒來時發現日期變成了 9 月 14 日。後來也還有幾個類似的例子，在在說明了現行大家在使用的曆法，是個備受干預的「人工」曆法。

現在大部分的國家都採行格里曆，有幾個是二十世紀才開始使用格里曆的國家，像中國（1912）是在民國之後才開始採用，還有保加利亞（1916）、俄羅斯（1917）、希臘（1923）以及土耳其（1926）。最近一個採用格里曆的國家是沙烏地阿拉伯，一直到 2016 年才開始使用。

## 時間就是金錢？

　　「時間就是金錢」的意思是：某個事物或某人的價值，等同於要完成或得到它所需要的時間。日曆（Calendar）這個字源自於拉丁文，意思是帳簿。在格里曆之前的儒略曆，每個月第一天被稱為「calends」，這天是人們付帳單的日子。無怪乎「時間就是金錢」是如此深深地印刻在我們的意識與文化裡，而且這似乎是使用這個曆法的主要目的，讓我們得以追蹤自己的帳戶、付帳單，設定好各種約定。曆法就像是一種程式設定，我們的生活就被設定在曆法裡。

　　由於科技的進步，使得人們覺得時間變得越來越快速。當科技越進步，就有更多的金錢產生，而由於「時間就是金錢」，你就需要做更多的事來追上金錢的速度，所以我們覺得時間越來越不夠用。你是否注意到，當一切都快速運轉時，一些重要的小細節似乎被忽略了？

　　當「時間就是金錢」造成了速度以及物質上「量」的成長，「時間就是藝術」則產生了品質。想像「時間品質」遠比「時間就是金錢」來得重要的世界，那是個優雅、彈性與溫暖的世界。「時間就是金錢」與我們現有的曆法息息相關，一個新的曆法能否使「時間就是藝術」成為主導的價值呢？

## 曆法是一種程式設定

　　曆法的本質，決定了這個社會的本質。

　　現在世界通用的格里曆是抽象與不規則的，在使用這套曆法時，很難去感受到任何的自然元素，因為它與任何的自然現象都沒有關係，你不會跟四季交替、月相盈虧產生關聯，這個曆法彷彿就是為了讓你遠離自然。

　　一個曆法應該是個測量的工具，讓你可以和地球、日、月、星辰有和諧的關係。

格里曆確實是一年 365 天，也就是地球繞太陽一圈所需要的時間，但是格里曆裡的月份，並不是個標準的測量單位，月份跟週很少會同步，通常都是隨機的。時間看不見也摸不著，所以我們很容易忽略了以這樣無規律的方式測量時間所造成的影響。但如果用一把刻度不平均的量尺去蓋房子，建造出來的建築物不會很容易出問題嗎？我們對於實體的物品會堅持精確的尺寸，對於無形無相的時間，卻覺得無所謂？**如果說空間影響我們的感官，那麼時間就會影響我們的心智。**相較於實體的歪斜空間對五感的影響，心智歪斜的時間觀對人們的影響可能更為巨大！

曆法是一個程式化的工具，以一整年的順序記錄各種事項的發生。比方說 1 月 1 日這一天，人們就要固定做一些事來慶祝新年，二月份的程式設定就是情人節，五月有母親節，十月有國慶日……等，所有這些活動的回憶都是根據發生的日期累積的。每個人還會有引發個人情緒的日期，像是生日、紀念日等等，所以**當你改變曆法的時候，你就改變了集體意識的程式。**

那麼我們有可能將金錢與時間分開來嗎？現行的曆法是不可能的。但是金錢與真實時間並無相關。你無法以金錢來衡量你的靈魂，如果可以的話，那就是將之賣給了惡魔。

## 和平時間 Vs. 戰爭時間

為何會有現在這個每個月長度不一致、「刻度不平均」的曆法呢？記得小時候為了要記清楚每個月份各有幾天，總要從頭開始算起：一月大、二月小、三月大、四月小……然後七、八月一樣大？

在現行格里曆之前的儒略曆，是由羅馬帝國的凱薩大帝在西元前 45 年 1 月 1 日開始執行。當時羅馬人使用的曆法錯誤百出，凱薩大帝身為羅馬帝國首位皇帝，決定要改變曆法。為了要在西元前 46-45 年間施行，有一年的時間長度必需是 445 天，

那年被稱為「困惑的一年」。在凱薩之後，奧古斯都繼位。他看到凱薩將 7 月改成自己的名字（從 Quintilius 變成 Julius，也就是 July），所以他也將 8 月的名稱改為他的名字（從 Sextilius 變成 Augustus，也就是 August），而且因為原本的 8 月只有 30 天，但 7 月有 31 天，這樣不就代表凱薩比他更厲害？為了要與凱薩齊名，奧古斯都決定 8 月也必須是 31 天，多出來的一天，就從只有 29 天的 2 月抽出一天，從此 7 月和 8 月都是 31 天，2 月變成 28 天。

這就是這個曆法的開始：蠻橫的動機、帝國的權力，是這個曆法形成的背景。

基督教徒在西元 321 年開始使用儒略曆，當時加上了 1 週 7 天的制度，這是源自於希伯來人的月亮曆，而希伯來人則是學習巴比倫人的方式。但是 1 週 7 天一直都無法完美地與任何月份配合在一起，除非剛好 2 月 1 日是週日，這樣的話整個 2 月就會剛好有四個完美的一週 7 天。

羅馬教廷從那時開始就使用儒略曆，希臘與俄羅斯的東正教也是。在好幾個世紀之後，這些教徒們開始了航海世代，發現了新世界。在一個叫做猶加敦（Yucatan）的地方，他們遇到了馬雅人，發現他們也有曆法，而這個「異教徒」的工具竟然比儒略曆還要準確！他們這時發現，原來儒略曆的日期竟然短少了 10 天！於是他們在 1562 年燒毀了馬雅所有的書籍。

10 年之後的 1572 年，新教宗格里戈利十三世繼位。繼位後他宣布的第一件事，就是要更正儒略曆，於是在 10 年之後的 1582 年，格里戈利十三世完成了他的目標。到了二十世紀初期，格里曆成為世界的標準，當時因為歐洲帝國主義已盛行超過三百年，所以格里曆就被接受為世界通用的曆法。

二十世紀初期，歷史上最大的一場戰爭爆發，也就是第一次世界大戰。不到二十年，第二次世界大戰爆發，1945 年因為兩顆原子彈而結束。從那之後，整個世界就不斷地有戰事發生，

一直到現在仍然如此。

你知道格里曆以 28 年的週期不斷重複嗎？每隔 28 年，就會有七個閏年。

我們可以從 1945 年開始看，這一年廣島與長崎的原子彈，結束了第二次世界大戰。在 1945 年之前的 28 年，是 1917 年，美國加入第一次世界大戰。1945 年後的第一個 28 年週期，1973 年 4 月 4 日，紐約世界貿易中心的雙子星大樓啟用。再過 28 年之後，就是 2001 年，911 事件發生。所以……這是巧合嗎？也或者這樣的時間週期其實隱含了戰爭意識？*

如果不和諧的曆法引起了戰爭，那麼和諧的曆法，是否能帶來和平？

## 自然時間 Vs. 人工時間

由現行曆法的演變，可以知道我們所習慣的「時間」並不是自然的韻律，而是人為所制定。絕大部分的人活在曆法決定的生活裡，卻從來都不知道這套曆法的由來，以及對我們產生的影響。也可以說，格里曆是個充滿陽性能量的曆法，為了政治或宗教目的而產生。

但曆法就是時間，時間就在我們的生活裡。誰操縱了時間，就操縱了我們的生活。有意識地感知時間，就是有意識地生活。

荷西博士在他的《停止時間》（Stopping Time）這本小書裡說：「時間是個靈性的事……事實上，時間是全然靈性的。這就是為何你無法看見、品嚐或觸摸時間。你只能感覺它。」

每種曆法都有適用的方法與時機，我們現在通用的曆法制定了人們在陽性的人造時間流裡，以機械的、段落分明的方式運作。但人體的運行、自然的遞嬗、生命的律動，都是圓滑的、

---

*資訊來源：美國時間法則網站。

曲線的，是流動與循環的，在過程中累進與演變。過程中的變數，就像太極圖裡的陰中有陽、陽中有陰，在流動變化中產生無限的可能。

如果我們願意開始採行新的和諧曆法，我們就可以改變時間的程式，改變我們的心智模式。而 13 月亮共時曆，就是個陰性能量品質的曆法，可以平衡現在過於陽性的能量，將不和諧的戰爭意識，調整為和諧的和平意識。

13 月亮共時曆以連續脈動的時間之流看待時間，而不是切割分明的起跑點與死線。我們每天過的日子，不是與自然分離的人工時間，而是與萬事萬物共振連結的生活。

想像一下這樣的一個世界：

☆每個月都是 28 天，每個月都有 4 週，而每一週都是 7 天。

☆1 年有 13 個完美的月，52 個完美的週。時間開始和諧。

☆每年會有一天無時間日，這一天不屬於任何月或週，也因為有這麼一天的存在，每年每月的同一天都會是一樣的。

這才是真正的萬年曆。


## 13 月亮共時曆，是光體的曆法

占星是「從地球看太陽系」，研究太陽系的星體與地球之間的關係，如何影響人們在地球上的生活。比方說在水星逆行期間，我們特別會感覺到溝通上的誤解、交通運輸的混亂，通訊設備也時常出狀況。13 月亮共時曆，則是「從銀河源頭連結地球」，宇宙源頭將訊息（頻率、能量、波）從其他星系，經過太陽轉譯後傳送到地球。與發展歷史悠久的占星學相較，可能在初接觸時會覺得不易理解，主要是因為 13 月亮共時曆是以圖騰與數字來表達，但只要明白曆法的架構與呈現方式，這套

曆法其實是用來校準與宇宙源頭共時的導航儀。

圖騰與數字是宇宙共通的密碼，人類的各種語言則是地球巴別塔獨有的方式。要與多次元的浩瀚宇宙連結，學會宇宙的共通密碼就像拿到入場券，可以開始參加這場盛大的共時派對。

13月亮共時曆，就是以圖騰與數字為基礎的宇宙密碼。這是一個充滿陰性能量、共時順流的曆法，就像武功祕笈的精髓在於心法，當我們校準內在狀態後，就能由內而外、從心出發的共時生活。

地球被包覆在一層帷幕裡，被阻絕與宇宙源頭相連，自成一個系統，就像電影《駭客任務》裡，那個虛擬卻感覺真實的電腦機器人世界，這個世界裡有其規則與生活方式，人們試著活出正常的樣貌，但內心卻充滿衝突與混亂。13月亮共時曆，是清除「腦霧」的校準工具，直接與來自帷幕另一邊的信息校準，幫助我們更清楚地看見真相。它是生活的導航儀，但主要不是規範外在的物質世界，而是內在量子世界的指引與知曉。當我們接通「天線」開始連結帷幕另一邊的世界，透過共時性的發生，才會明白原來我們一直都在同一場域裡，原來我們與源頭其實從未分離過。

地球，就像一口井，而人類是井底之蛙。一直以來，我們以管窺天，以自我為中心去詮釋外在世界，曾經我們以為地球是平的、以為地球是宇宙的中心。唯有透過連結水井外的信息，井底之蛙才有可能感知到外面廣大的世界，許多高靈與通靈訊息都是為此而來。

13月亮共時曆亦是如此。荷西博士經歷了33年的追尋，透過心電感應下載信息，到後繼者的研究發展，有越來越多的可能性被發現，有越來越多的共時性可以證明。投生在地球的我們，早已在人間遊戲場裡試煉無數次，你想要拿回自己的力量，一起來改變遊戲規則嗎？

# 三、曆法中的馬雅元素——卓爾金曆

曆法是呼吸，是意識的波浪。

曆法是循環，是一圈又一圈，一層又一層的開啟。

紅白藍黃綠，每個開啟，都是為了回到中心，再深入進化的螺旋。

曆法是頻率、波動、韻律；是音階，是和弦，與你一起彈奏出和諧的樂音。

In-Lak'esh ——你是另一個我

A-Lak'en ——我是另一個你

這是馬雅人的招呼語，卓爾金曆正是這個招呼語的體現。在這個由 20 個圖騰與 13 個數字所組成的矩陣中，包含了 260 個不同的印記。每個印記由一個圖騰搭配一個數字，而印記之間又互有關聯，層層疊疊交織的關係，讓我在初接觸時不禁驚嘆：原來每個人的星系印記，都與他人的星系印記相關聯。也就是說，每個人的組成都有部分與他人相關，我們都是一體的！

這正是馬雅人的招呼語「In-Lak'esh」的意義：你是另一個我。

我們本為一體，只是呈現的面向不同。我與他人，是相同卻又獨一無二的個體。卓爾金曆就像是張宇宙織毯，將 20 個圖騰與 13 個數字，充滿韻律地交織在一起。這張 260 天的卓爾金曆織毯，以呼吸一般的方式律動，每次完整的吸氣吐氣就是 13 下，總共重複 20 次。

你可以用這樣的方式去想像：20 個圖騰，以 13 個調性（從 1 數到 13）的韻律去呼吸，而這個從 1 數到 13 的呼吸週期就是波符。每次的呼吸都有主軸，在 20 個圖騰中輪替。圖騰有次序，從 1 到 20，而波符也有次序，但和圖騰的順序不同，總共 20 個

波符。兩個次序就像兩股波浪，在和諧的運轉中前進。波浪的流動不是從 A 到 B 的直線，而是生生不息的循環，卓爾金曆就是以這樣的方式，組合成不斷脈動的意識之海。

在這 260 天的宇宙織毯裡，每天都會有一個當天的星系印記，每個印記（圖騰＋調性）就是一個頻率。當我們與之校準調頻，就是與銀河源頭、與更高維度校準。卓爾金曆是個橋樑也是載具，透過與印記能量調頻，就像有人從高處指引著走迷宮的人，要怎麼走才能找到中心。也就是說，運用 13 月亮共時曆，就是從更高維度觀照生活，彷彿每天都在跟高靈對話。

## 卓爾金曆的太陽圖騰

許多尚未學習曆法的人，對於太陽圖騰與調性的名稱時常一頭霧水，其實這些看似「怪異」的名稱，有個很大的功能是為了打破頭腦的慣性，因為它們未曾出現在你的意識裡，因而這些詞語就會以全新的方式在你的意識裡播下種子。只要願意打開可能性，透過感知它們的質地，20 個圖騰與 13 個調性就會向你顯示蘊含的意義，而你也越來越能感受共時性的巧妙，也許在某個「啊哈」的時刻，所有的苦思不解都成了拍案叫絕。

荷西博士在他的早期著作《馬雅元素》中，介紹馬雅卓爾金曆裡的 20 個圖騰印記，源自於一本預言式古文本《奇藍巴藍之書》（The Book of Chilam Balam）。在這本古書裡，這些圖騰被描述為一個發展的過程、生命的道路。將卓爾金曆的 20 個太陽圖騰分類，會發現有幾個大類：

1. 地球上的自然現象：白風，藍夜，黃種子，藍風暴
2. 天空的星體：黃星星，紅月，黃太陽，紅地球
3. 力量動物：紅龍，紅蛇，白狗，藍猴，藍鷹
4. 與人相關：藍手，黃人，紅天行者（空間），白巫師（時間），黃戰士
5. 具象徵意義的物體：白世界橋，白鏡

這 20 個太陽圖騰就在我們的生活之中，甚至可能比 12 星座更容易想像。占星術在人類歷史裡已發展很久，這幾年相關知識的普及，使得幾乎人人都知道 12 星座，許多占星學上較為深入的資訊，也越來越多人知曉。從占星術的發展可以預見，13 月亮共時曆將深入人們的生活，只要具備基礎概念，你就能跟著曆法能量共時生活：更有意識的覺知到自己在哪裡、從哪裡來、要往何處去。

　　瞭解太陽圖騰的基礎意義後，就可以運用在不同的面向：可以是某個人的星系印記組合，可以是某日／月／年的能量品質，或是某段期間（波符）……就像個可靈活調度的量尺，隨著所需測量的時間單位來做調整。但不論代表的時間是長或短，只要出現某個太陽圖騰，就有其相對應的能量品質。由於太陽圖騰是個全新的符號系統，先熟悉太陽圖騰的能量質地，是切入曆法學習很重要的開始。

# 四、如何使用本書

　　你不需要依照傳統的線性方式閱讀，可以依著自己的需要選擇所需的篇章。你可以依序閱讀波符與太陽圖騰（第二章），也可以先學習 13 月亮曆的基礎（第三章），在找到自己的星系印記組合後，再回到第二章，查閱跟自己相關的章節。

　　如果你從沒學過 13 月亮共時曆，或者已經知道一些概念，建議可以從第二章「生命的二十個面向」開始閱讀，去慢慢感受每個太陽圖騰的質地，或者從我在每個圖騰所經歷到的生命經驗，去連結到你個人的感受。你可以按照次序，也可以從你喜歡的主題開始，或者是依循著現在的日期去對照相應的波符*，實際在生活裡去感受相關圖騰的能量。這裡沒有固定規則與順序，就像在量子場域裡，由你自己來形塑，依你覺得適合的方式都好。

　　如果你已經學過 13 月亮共時曆，那麼這本書也許會給你不一樣的啟發。若從不同的觀點與角度去看見曆法，你會怎麼將曆法運用到生活裡？這不僅只是與個人有關，而是關乎地球上的人類，如何與宇宙源頭的頻率校準一致。透過曆法，以及各種生活中的覺知練習，更有意識的提升自己與整體，匯入宇宙宏大的意識之流裡。

　　本書以波符的順序來介紹 20 個太陽圖騰，而不是以圖騰的順序來介紹，這是為了讓大家可以更容易地從目前慣用的格里曆、農民曆，甚至是占星學之外，再加上 13 月亮共時曆，以不同的觀點去感知生活。我們可以同時使用好幾種曆法，彼此之間相輔相成並不衝突。馬雅長老洪巴茲曼曾說過，他同時使用 17 種曆法，因為每種曆法都有其重要的功能。

　　比方說，我們的農民曆是中國古老智慧的傳承，本來就是生活的一部分，不管是飲食、穿著與生活大小事，都是隨著

---

* 可參考「亞洲時間法則」FB 粉專的每日星系印記貼文。

二十四節氣流轉。而凱爾特人的樹曆、台灣阿美族原住民的飛魚曆，對他們來說都有特定目的，而這些曆法都與自然息息相關，是觀察生活裡最重要的事物而產生的曆法。

可喜的是，目前有許多 13 月亮曆的公開資源可以運用，而本書則是以自己的個人故事，加上 13 月亮曆的基礎知識，希望讓更多的人開始對曆法產生共振，就如我當年因為旅伴的分享而聽出興味，而開啟了奇妙的共時學習。

那麼何不將自然時間的 13 月亮共時曆，和現在使用的格里曆、農民曆，甚至任何你覺得想要參考的曆法，都一起拿來當作校準生命的方式呢？我們正處於大蛻變的時代，地球逐漸從 3D 物質世界，轉換進入到第五次元，人類也將成為五次元的存有。13 月亮共時曆，就是讓我們用來校準五次元生活的座標。

共時校準，可以在每個 13 天的波符、或是特定圖騰的日子裡，依照所建議的校準練習，讓生活充滿儀式感。去感知看看，最適合你的方式是什麼，並創造出自己的校準方式──時間就是藝術，「創造」正是這場時間革命的精神！

以下是幾個可以運用的方式：

### 當日星系印記靜心

沉思每日星系印記的能量，讓你從宇宙源頭的觀點來看見日常生活的事件。除了依當日的主印記與波符來進行校準外，在計算出自己的主印記之後，將當日的 kin 與自己的 kin 相加，就可以計算出每一天的合日能量（請參閱第三章）。

### 寫共時日記

準備一個筆記本，或是購買你喜歡的 13 月亮曆手帳本，每天運用一些時間寫共時日記。你越是聚焦於共時性，它們就越常出現。

**繪製圖騰**

20 個太陽圖騰與 13 個銀河音調描述了宇宙創造的過程。你可以練習繪製這些原型符號，它們充滿了啟發性，並且啟動許多層面。

（還有更多練習與應用方式，請參閱第二章與第三章。）

每個人，都是一個小水滴。

每個小水滴，都是獨一無二的存在。

每個小水滴，匯聚成江河，最後流到大海。

你無法在大海裡分出不同的小水滴——你是我，我是另一個你——所有的小水滴都是整體的一部分。

小水滴來到地球，體驗英雄之旅，再從地球回到宇宙，將自己的經驗放入集體進化的意識之海裡。

A1

2011 年 3 月 23 日，在墨西哥奇琴伊查象徵宇宙太陽曆的金字塔前，我見證了羽蛇神下落人間的時刻。3 月 23 日正是荷西博士的身體離開地球的時候。

A2

# 第二章　曆法就在生活裡

金色螺旋光承載著星星與太陽的智慧，誕生在地球，

在那一刻，地球遊戲場開張了

金色螺旋光有了呼吸，有了形體，有了感官覺受，開始了地球旅程
……

從 1 的吸引匯聚，到 13 的擴展超越……再次收縮回到 1，擴展到
13……不斷重複著 1 到 13 的循環……

神聖陰性的金色螺旋光 *，就在卓爾金曆的宇宙織錦上脈動著、旋
繞著……

---

* 金色螺旋的本質，是神聖陰性之光，透過太陽來到地球。

# 自然生活的二十個面向

260 天的卓爾金曆，由 20 個波符組成，每個波符 13 天。每個波符的第一天是這個波符的主軸，從 20 個太陽圖騰中輪流出現。當你看著卓爾金曆的和諧矩陣，上方是數字（調性）1 到 13，左邊是 1 至 20 個太陽圖騰，整張表格就是 13×20 = 260 個方格。想像整張卓爾金曆，就像隻巨龜漂浮在宇宙織錦上，規律地呼吸著。一次完整的呼吸長達 13 天，而每個循環會經歷 20 個呼吸，也就是 13×20 = 260 天。這 20 個呼吸，代表了巨龜在每次循環裡會經歷的 20 個主軸，如同我們生命裡 20 個不同的面向；而每個方格，代表著每天不同的能量流，就像巨龜在當下的每時每刻，展現出不同的能量品質。

第 1 個呼吸　紅龍－起源：我從哪裡來？
（kin 1-kin 13，磁性紅龍～宇宙紅天行者）

第 2 個呼吸　白巫師－時間：永恆當下的多重宇宙
（kin 14-kin 26，磁性白巫師～宇宙白世界橋）

第 3 個呼吸　藍手－實踐：Just Do It! 做就對了！
（kin 27-kin 39，磁性藍手～宇宙藍風暴）

第 4 個呼吸　黃太陽－給予：散發光與熱，照亮自己與他人
（kin 40-kin 52，磁性黃太陽～宇宙黃人）

第 5 個呼吸　紅天行者－探索：像孩子般的好奇
（kin 53-kin 65，磁性紅天行者～宇宙紅蛇）

第 6 個呼吸　白世界橋－連結：從此岸到彼岸
（kin 66-kin 78，磁性白世界橋～宇宙白鏡）

第 7 個呼吸　藍風暴－變革：危機就是轉機
（kin 79-kin 91，磁性藍風暴～宇宙藍猴）

第 8 個呼吸　黃人－自由：業力與自由意志

（kin 92-kin 104，磁性黃人～宇宙黃種子）

第 9 個呼吸　紅蛇－身體：開啟生命原動力

（kin 105-kin 117，磁性紅蛇～宇宙紅地球）

第 10 個呼吸　白鏡－反射：外境即是內鏡

（kin 118-kin 130，磁性白鏡～宇宙白狗）

第 11 個呼吸　藍猴－帶著輕盈的心：地球遊戲場的顯化之道

（kin 131-kin 143，磁性藍猴～宇宙藍夜）

第 12 個呼吸　黃種子－種下意圖的種子，讓生命開花

（kin 144-kin 156，磁性黃種子～宇宙黃戰士）

第 13 個呼吸　紅地球－共時：人類與蓋亞的親密互動

（kin 157-kin 169，磁性紅地球～宇宙紅月）

第 14 個呼吸　白狗－忠誠：忠於真實的自己

（kin 170-kin 182，磁性白狗～宇宙白風）

第 15 個呼吸　藍夜－直覺：從心出發的豐盛

（kin 183-kin 195，磁性藍夜～宇宙藍鷹）

第 16 個呼吸　黃戰士－思辨力：為何而戰？

（kin 196-kin 208，磁性黃戰士～宇宙黃星星）

第 17 個呼吸　紅月－情緒：流動、療癒與淨化

（kin 209-kin 221，磁性紅月～宇宙紅龍）

第 18 個呼吸　白風－靈性：生命的氣息

（kin 222-kin 234，磁性白風～宇宙白巫師）

第 19 個呼吸　藍鷹－願景：你在哪裡？要往何處去？

（kin 235-kin 247，磁性藍鷹～宇宙藍手）

第 20 個呼吸　黃星星－藝術：自在優雅的行於世間

（kin 248-kin 260，磁性黃星星～宇宙黃太陽）

「生命中最大的奧祕之一，是時間的奧祕。發生在我們身上的每一件事，都來得正是時候。」

——約翰·歐唐納修，愛爾蘭詩人／學者／哲學家

紅龍
波符 1
圖騰 1

紅天行者
波符 5
圖騰 13

紅蛇
波符 9
圖騰 5

紅地球
波符 13
圖騰 17

紅月
波符 17
圖騰 9

白巫師
波符 2
圖騰 14

白世界橋
波符 6
圖騰 6

白鏡
波符 10
圖騰 18

白狗
波符 14
圖騰 10

白風
波符 18
圖騰 2

藍手
波符 3
圖騰 7

藍風暴
波符 7
圖騰 19

藍猴
波符 11
圖騰 11

藍夜
波符 15
圖騰 3

藍鷹
波符 19
圖騰 15

黃太陽
波符 4
圖騰 0/20

黃人
波符 8
圖騰 12

黃種子
波符 14
圖騰 4

黃戰士
波符 16
圖騰 16

黃星星
波符 20
圖騰 8

（太陽圖騰由「Time Flow 13 月亮共時手帳」繪製提供）

## *1.* 起源：我從哪裡來？
## ——紅龍波

太陽圖騰：紅龍（第 1 個波符，圖騰序號 1）
關鍵字：誕生、滋養、存在

還記得當我六七歲時，每晚入睡前，腦子裡總會浮現這樣的問題：「我是誰？我從哪裡來？如果『我』死掉了，『我』會到哪裡去？這個世界沒有我會變成什麼樣子？所有跟我有關的人，又會到哪裡去？」苦思著這些沒有答案的問題，總讓我擔心到睡不著覺，就怕自己一覺睡去，「我」就消失了。

隨著年歲漸長，這些問題逐漸被更「重要」的問題拋諸腦後，我認真入世在學業、工作、人生各個階段，直到後來開始走上內在道路，小時候的這些問題，又開始再次敲擊我的腦袋。關於「我是誰？我從哪裡來？要往哪裡去？」的人生三大問，在多年的找尋後，我漸漸明白這些問題就如馬兒面前的胡蘿蔔，敦促著求道者踏上追尋的旅程，而過程中所見的人生風景，才是人身難得來世一遊的重點。

### 阿卡莎紀錄與原生家庭

每個人的起源，也就是「我從哪裡來」，也許可分為前世與今生兩個部分。有些人對過去種種的前世還留有記憶，大部分人則是喝了孟婆湯早已忘光。前世可以作為了解自己的參考，這些靈魂記憶形塑了一部分的你，也許可以解釋為何會有這樣的個性、為何會遇到某些人事物、對某地有特殊情感，但通常不需要太拘泥於故事情節，而是怎麼從這些紀錄裡，拿回自身的力量，做出最清晰的決定，活出最好的可能性。

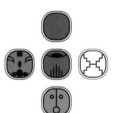

1-1 紅龍的印記組合

為何不是每個人都記得自己的前世呢？莫妮卡・穆嵐霓的著作《人類阿卡莎》，整理了高靈克里昂針對阿卡莎紀錄的相關傳訊，書中提到，當我們投生地球時，其中有個設定就是將多次元部分隱藏起來，只有在你有意願要找出自己的真正本質時，也就是去探詢「我是誰」、「我從哪裡來」，才會開始覺察到克里昂所說的「屬於你的部分」。當你有意願去尋找那個更大的你，多次元的你就會開始整合，過去世就會以感知或情緒的方式顯現，你未必會記得詳細的情節，但會有相關的感知記憶。

　　而今生的起源，就是我們的原生家庭。印度合一大學創辦人巴觀說：「關係並非生命的一部分，生命就是關係。」與原生家庭的關係對人生影響重大。多年前當我在印度的課堂上聽到這段話：「……所有人際關係都反映了你與父母的關係，所有關係都會真實反映你與父母之間所發生的事……如果你與父親不和，財務可能就會出問題；如果你跟母親的關係不好，就會產生不必要的障礙……」**與父母的關係是所有關係的根本，將父母關係處理好，其他的關係也會開始轉變。**父母在我們的意識上烙下銘印，如果在關係上有任何議題，療癒和父母的關係幾乎都會有很大的轉變發生。

　　不過一切的關係都源於自身，最重要的還是要接納自己、愛自己，**只要我們願意誠實地開始面對自己，外在世界就會開始轉變。**這就是為什麼日常生活的校準如此重要，從自身開始，小自家庭大至社會國家地球，你就是那個轉動一切的力量！

　　原生家庭是我們的鏡子（右邊的白鏡）（圖 1-1），照出內在的真相，當我們願意與原生家庭握手談和，背後有著堅實的靠山，創造的力量將源源不絕地湧出。

　　白鏡是紅龍的支持力量，兩人手牽手才能無後顧之憂地開展創造。而藍猴（左邊）的遊戲人間，帶來拓展的能量，提醒紅龍不需帶著沉重的記憶，雖然紅龍不習慣如此輕盈，但換個方式也許紅龍可以飛得更高更遠。紅龍的開創加上黃太陽（下

方）的樂於分享，使獨立自主的紅龍，將關注的焦點從利己轉為利他，進階升級為更高版本的自己。

紅龍是卓爾金曆的第一個圖騰，黃太陽是最後一個，兩者結合就如同銜尾蛇的圖騰，無始也無終，生生不息。

## 我們與龍族的連結

紅龍是卓爾金曆的第一個圖騰，也是第一個波符，就像母親在生產過程中會湧現極大的力量讓孩子誕生，創造的原動力是紅龍圖騰很重要的品質之一。龍是傳說中能夠通天遁地、力量強大的生物，不論東方或西方，龍都是神祕的多次元存有，存在於各種古老的傳說與神話裡。

我的第二本著作《喚醒多次元之心》，整本書其實是為了台灣的水晶龍線而生，透過當時帶領旅程的老師所接收的訊息，我才明白「龍」對人類的重要性。不論東西方都有龍的傳說，但是西方龍與東方之龍似乎大不相同。

在西方，龍擁有強大力量但亦正亦邪，人們視龍為一種要小心對待、不然會招惹殺生之禍的強大存有。然而自古以來，中國人一向視龍為尊貴與力量的象徵，在各個地方也都有龍族現身的傳說，龍代表著無所不能的正向力量。原始的中國祖先在過去有很長一段時間，與地球母親及龍族和諧共處，一起共同創造。在我們的 DNA 裡擁有從祖先而來的密碼，而台灣在地理上位於中國大陸外圍，所以我們既擁有與龍族合作的傳承，又較不受到中國大陸集體業力的影響，所以台灣的重要性不言可喻。

我曾問過自己，全世界這麼多地方，為何我會出生在台灣？為何我們傳承著中華文化？台灣不僅地理位置獨特，在文化上是南島文化的起點，甚至更久遠前是屬於列木里亞古大陸（姆大陸）的一部分。台灣的東部與西部是截然不同的風土，我們就位在大陸文化與海洋文化的交界，而台灣這個蕞爾小島，蘊

含著不可思議的豐富生態，宛如地球的方舟。數年前邀請合著《喚醒多次元之心》的夏老師來台時，她說台灣是世界上靈性最為自由的地方，所有的宗教信仰在此都可和平相處、自在展現，但是在台灣的人們卻看不到自己的優點，常常貶抑自己、覺得自己不夠好。當時她告訴我們，台灣人民需要更有自信地站出來發聲，知道自己有多麼美好！

2014 年春分的水晶龍線之旅，我們在馬雅遺址科巴啟動了台灣的水晶龍線（kin 161 超頻紅龍日\*）。半年後的秋分，我們再次去到馬雅之地，在一次團體療癒靜心裡，夥伴在靈視中看見一幅奇異美麗的景象。她先看到一道金光，再看到彩虹，在這金色彩虹光裡還有龍在飛舞。這時才知道，原來未來是黃金彩虹的能量網格，而水晶龍線就在裡面交織著。水晶龍線就像是座意識網格的橋樑，要連結黃金彩虹網格，就先要在水晶龍線上工作。水晶龍線協助整個地球的覺醒，而台灣就是水晶龍線起始之處。所以台灣人民的覺醒，對於整個地球母親以及全人類，都有很重大的影響。

許多投生在台灣的人都是「老靈魂」，高靈克里昂曾經說過，許多老靈魂因為過去世遭到迫害，常會有自我價值低落的狀況，因此「渴望改變」\*\*是老靈魂們需要的動力，才能啟動「信念、重新校準和新的理解」，否則永遠只會活在過去的沉重裡！

## 馬雅文化裡的羽蛇神（庫庫爾坎 KuKuulKaan）

馬雅文化裡最重要的象徵符號之一就是蛇（Serpent），而有羽毛的大蛇，被稱為羽蛇神（馬雅人稱之為「庫庫爾坎」Kulkuulkaan），不僅代表神聖的知識，也連結宇宙的聖靈。羽蛇神這個符號象徵「靈性智慧」，將頭腦與心完整連結，成為「光之蛇」（Serpent of Light），代表我們每個人都有的神聖內在之火（亦即拙火、亢達里尼能量）。有羽毛的大蛇在脊柱升起時，

---

\*請參閱第二章〈13. 共時：人類與蓋亞的親密互動——紅地球波〉。

\*\* 《人類進化的重新校準》P.212。

成為了庫庫爾坎，有能力進行各種轉化，協助我們重新獲得早已失去的靈性意識。

有著羽毛翅膀的大蛇，不就是龍的形象嗎？在馬雅祭司米格爾的原文著作《馬雅的神聖知識》（*The Sacred Knowledge of the Maya*）中說：「庫庫爾坎是發光的龍之智慧，在我們每個人的內在都有」、「庫庫爾坎是馬雅的宇宙智慧」。

羽蛇神代表在我們之內的亢達里尼能量。在印度的智慧傳承裡，原本在脊椎底部沉睡的能量必須被喚醒，一路沿著脊椎至頭頂，才能連結到宇宙智慧；在馬雅遺址裡，常可見到從大蛇口中出現人臉的雕塑，象徵入門者被庫庫爾坎的神聖智慧吞入，入門者與神聖智慧合而為一。羽蛇神代表亢達里尼能量，這股在體內發光的龍之智慧，可以透過修煉來喚醒這股能量，與宇宙智慧結合，憶起我們原本就有的力量。

## 龍族守護的陰性能量聖井

2011 年春分首次來到奇琴伊查，參與光之蛇庫庫爾坎降臨

1-2 陽性聖井（上）、陰性聖井（下）與羽蛇神金字塔（中）的位置剛好連成一線。

人間的盛會。一早馬雅老師帶著我們，在進入園區之前，先到外圍的旅館區。我們在一個平台前停下來，往下數公尺處是個碧綠色的大池塘，周圍被茂密的樹林圍繞著，四周生機盎然，充滿了神祕的生命能量，與園區裡乾燥酷熱、紛擾嘈雜的能量截然不同。

原來這裡是女性聖井，而園區裡的則是男性聖井（Sacred Cenote），如果鳥瞰這塊區域，會發現男女聖井與羽蛇神金字塔正位於南北軸線上，男性聖井在北邊，中心點是羽蛇神金字塔，女性聖井則在南邊，男性與女性能量在羽蛇神金字塔合而為一，象徵陽性與陰性能量的合一（圖 1-2）。帶領我們的馬雅老師曾經在奇琴伊查擔任數年總監，他告訴我們這個聖井有龍族守護，曾經現身與他對話過，這是此地能保有如此純淨能量的原因。據說當初開發時原本計畫要將女性聖井劃入景區，但卻頻出意外，於是只好把聖井保留在外面的旅館區，一般觀光客若無人帶領，是不得其門而入的。

我們在聖井前方的小祭壇前圍成一圈，在這裡做一個啟動陰性能量的儀式。這時掌管女性聖井的薩滿巫師突然現身要為我們做儀式，真是個意外的禮物。我們並沒有事先跟薩滿約好，但他就在最適當的時機出現了。後來在整個旅程當中，這樣的事情屢次出現，使我相信，保有古老智慧的原住民因為與自然環境和諧共處，心電感應的能力真的特別強大，這也讓我更確信，若我們在生活中能時時校準，共時性的發生將成為新的日常。

儀式完成後，我們每個人拿著一顆水晶放在眉心輪上，注入我們對大地母親的愛，再丟入聖井中，重新為聖井充能。後來這成為我的習慣，每到一個聖地或是到大自然裡任何有連結的地方，就會將隨身帶著的小水晶注入祝福意念後留在當地。水晶可以儲存大量的記憶與能量，一方面可以將這些聖地充能，一方面這也是我們與此地連結的入口（Portal），即使實體上距離這些地方很遙遠，只要以專注的意願觀想，我們的意識就可

以回來連結此地的能量。建議大家在親近大自然時，也可以隨身準備淨化過的小水晶粒，在注入你的祝福與感謝的意念後，留在你覺得合適的地方，幫助地球母親充能。

## ☆ 從波符認識太陽圖騰

第 1 個波符：紅龍波 kin 1 ～ 13（磁性紅龍～宇宙紅天行者）
太陽圖騰：紅龍（圖騰序號 1）

馬雅的卓爾金曆，與紅龍對應的是 IMIX，意思是生命的源頭、龍、原初之水、血、滋養、母親能量、誕生的力量。

荷西博士的印記是 kin 11 光譜的藍猴，就是在第一個波符紅龍波。身為卓爾金曆的第一個波符，紅龍波帶有強大的創造動能，將古老的記憶傳承化為誕生的動力。

## ☆「愛的共時校準」練習

在紅龍能量裡，可以做些讓自己覺得滋養、被照顧的事情，比方說可以去大自然裡踏青，或者泡澡細心呵護自己的身體。這時也很適合安排家族活動，與家中成員互動連結。

梳理自己與原生家庭的關係：原生家庭的議題常藉由逃避被遮掩，例如出外工作、求學、結婚，以為只要遠離就可以結束。但生命中有許多阻礙，其實都源自於原生家庭，甚至形成生命裡的模式。唯有回過頭來與原生家庭和解，才能真正展翅高飛。

和原生家庭之間的議題，有可能是複雜難解的心頭之痛。可以運用紅龍的力量，去沉思如何轉化關係，或者做些讓家庭成員之間更有連結的事。如果現在還無法直接面對面，那麼請在靜心時帶入他們的樣貌，在心的殿堂裡與他們相遇。當我們願意把注意力放在原本不想面對的事物、願意給出愛與祝福時，外在世界的課題將會開始鬆動，光將會照入原本黑暗的角落，

事情會開始出現轉機。

建議可以做天愛氣功的十字功。十字功協助我們進入眾生一體的能量場域裡，向業力夥伴超時空地提出和解，同時寬恕犯下無明之過的自己，清理堵塞能量，才能更輕鬆自由的往前行。作法如下：

十字功影片

請找個舒適安靜、不受打擾的地方，若果可以的話，請雙膝跪地、微微低頭，並輕輕閉上雙眼，就像在神佛前面虔誠祈禱的姿勢。將雙臂交叉在胸前，幫助聚焦心輪，打開內在空間。在內在將你需要和解的業力對象帶入，開始發自內心地複誦這四句話：「對不起、請原諒、謝謝、我愛你」，進行深度的清洗。

## 2. 時間：永恆當下的多重宇宙
### ——白巫師波

太陽圖騰：白巫師（第 2 個波符，圖騰序號 14）
關鍵字：無時間限制、施魔法、接收力

時間是相對的，還是絕對的？

時間有測量單位，秒分時日，形成了絕對的時間。但時間也是一種感覺，「度日如年」、「一日不見如隔三秋」，在在說明了時間感是相對的。

時間是直線？還是循環？

我們說，時間一去不復返。又說，過去現在未來同時存在。事實上，時間的奧祕，在於我們的心念處於哪個維度裡。根據大衛・霍金斯博士在《心靈能量》一書中提到，人的意識如果在較低的振動頻率裡，身體的能量會因此被削弱，如果是較高的振動頻率，則會使身體更為健康、幸福感增加。書中提到低於 200 的振頻，包括憤怒、恐懼、悲傷、冷漠、羞恥等等，都會使人的能量大為降低；相對的，高於 200 的頻率，像是寬恕、愛、喜悅……等，則可以增強身體的能量。

在電影《媽的多重宇宙》（Everything Everywhere All at Once）與《奇異博士 2》裡，都展現了在同個當下、永恆的時間流裡，有無限的空間（也就是多重宇宙）。也許有人會說，這是科幻電影並非真實，但我們確實是生活在多重宇宙裡！在永恆的當下存在所有的可能性，關鍵就在於你所散發的頻率，你的頻率會創造出你在哪個實相裡。

比方說你和朋友要到一個未曾去過的地方遊玩，如果因為

2-1 白巫師的印記組合

找不到路而大發雷霆，憤怒的情緒使得遊興大減，甚至開始吵架互相責怪對方，你就創造了一個憤怒頻率的實相。如果將憤怒的頻率轉為好奇的探索，你突然發現原來沿路還有這麼多有趣的地方，你的實相就變得不同了。這就是在同個當下不同的實相版本，而關鍵取決於我們意識的頻率。

頻率是共振的，所以如果你散發的頻率是恐懼、憤怒、羞愧等等較低的頻率，就會與較低的頻率共振，反之亦然。共時校準的目的之一，就是讓我們在遇到出乎意料的狀況時，意識頻率能夠穩定在較高的振頻裡，自然可以吸引高頻、而非低頻的人事物與我們共振。

喬・迪斯本札醫生在著作《開啟你的驚人天賦》裡，整理了三次元與五次元世界的差異。在三次元的物質世界裡，時間是線性的，遵循牛頓的古典物理學，是個可測量、可預測結果的客觀世界，在這個維度裡，心智與物質是分離的。然而，在五維的量子世界裡，時間是無限的，沒有過去與未來的區別，一切都發生在當下。量子定律處理的是不可測、看不見的事物，一切都是能量、頻率與信息，在這裡的一切都是一體的，心智與物質合一。

許多古老經典與原住民傳說，都說到此時的地球將與宇宙中心連成一線，而人類將要進入黃金年代，那是一個心想事成、充滿著愛與豐盛的世界。若從科學的角度來解釋，也就是人類要從三維物質世界，揚升進入五維量子世界。在量子世界裡，時間是永恆的，在心智與物質合一的狀態下顯化創造。這正是白巫師的能量特質：不受時間限制，如同魔法般的強大顯化能力。

## 能量超越時空，皆在同一場域裡

紀錄片《同一場域》中，透過高靈克里昂的訊息以及多位科學家在不同領域的研究，證明能量／頻率不受時空限制，我

們就在一個與宇宙萬事萬物相互連結的場域裡。

數年前在我帶領的秘魯聖地之旅裡，曾邀請亞馬遜原住民薩滿來主持死藤水儀式。儀式結束後，帶領的霍禾老師特別召集參加的夥伴們，告訴大家，以後如果想要再進入死藤水儀式的頻率時，不見得需要再喝死藤水，只要做好準備、透過觀想，就可以進入這樣的狀態裡。

德國柏林天愛氣功學院的院長天音老師，曾在信息辟穀的課程上說，辟穀的信息就像一顆種子，透過能量輸送後植入到我們的意識裡。日後如果想要再進入辟穀狀態，只要誠心祈請辟穀信息，在意識與身體上準備好，就可以自然地再次辟穀。

不管是死藤水儀式或是信息辟穀，只要靠「觀想」就可以再次獲得那種狀態？看似不可思議，其實說的是同一件事：能量超越時間空間，存在於同一場域裡，只要聚焦對頻，就可以取用所需的頻率。最重要的是我們的心念，也就是我們的意識頻率。就像白巫師的閉眼靜心，要進入五次元的量子世界，從內在找尋，才能觸及到那超越時空的奧祕源頭。

白巫師的圖騰，看起來就像是閉上眼睛往內觀想的靜心者，正在修煉神奇的魔法。若要穿越時間的限制，我們不是往外尋求，而是透過往內修煉、超越感官，結合科學的大腦與心靈的智慧，進入無限時間的多次元世界。

## 憶起多次元馬雅的家——帕連奎

在我第一次來到馬雅之地的 2011 年 3 月 28 日（kin 94 電力白巫師），我回到了前世馬雅的家——帕連奎。

德隆瓦洛在《地球大拙火》一書中說，帕連奎屬於松果體脈輪，目的是為了預備下一個世界。若人類到達松果體脈輪的意識層次時，已經準備好離開現在的身體，進入到人類之外的覺知層次。松果體位於頭部中央，是打開第三眼的關鍵。2010

年時我參加德隆瓦洛在美國瑟多納的地／天工作坊，德隆瓦洛就曾提到要連結心與腦，就需要啟動松果體。當人們來到帕連奎，會啟動對應於松果體的能量，也就是直覺力／超自然力。

這天一早我們來到帕連奎，在踏入園區做完開門儀式後，我們開始移步前往主要遺址區。突然之間我有種沒來由的強烈情緒湧出，我不想跟別人說話，只想靜靜地自己一個人。越進入遺址，悲傷的感受就越強烈，眼淚止不住地一直掉……我咬著牙忍住淚水幾乎放聲大哭，索性戴上太陽眼鏡，低頭讓情緒的浪潮淹沒我。這裡的感覺是如此熟悉，我強烈的感受到：「我曾經在這裡！這裡是我的家！」這是一種多年遊子歸鄉的感覺，雖然我盡力表現的若無其事，勉力支撐著繼續往前走，但那不斷瘋狂襲來的能量波濤，簡直快把我擊垮在地！

走了一小段路，我們來到一棵很大、很古老的木棉樹下，這裡是帕連奎裡較為安靜的角落。我們在這裡與另一個團體不期而遇，大家圍成一圈一起進行儀式。在馬雅之地，共時性的發生不足為奇，只要敞開心胸去接受、順著流走，常有許多意外的驚喜。在儀式的過程中，我似乎回到了千年以前的馬雅時代，我看到自己就在這皇宮庭院裡四處奔跑玩耍，就在這棵大樹下，我盪著鞦韆，看著朵朵棉絮從聖樹上飄落，宛如下雪……我不禁淚如雨下，這裡真的好熟悉！

儀式結束後，彷彿某個失落的記憶鎖鏈已經被打開。我跟同去的夥伴分享剛剛所看到的景象，她說她也有相同的感覺，她覺得那時我們一起在這裡玩耍、學習，接受各種訓練，這裡處處充滿了回憶。

多年之後才發現，原來這天是電力白巫師的日子，穿越時間的限制，我們憶起了過去。

## 水晶頭顱閉幕儀式與帕卡沃坦連結

過了幾天後，我們又重回帕連奎，而這次的水晶頭顱閉幕

儀式，讓我與帕連奎的主人連上了線。那天一早有六位來自外地的女祭司加入我們，她們與大地母親有非常強烈的連結，馬雅老師特別邀請她們來到帕連奎跟我們會面。

再次回到帕連奎，內心有著歸鄉的興奮，不若上次近鄉情怯的激動，但熟悉的感覺依然存在。我們再次回到上次做儀式的木棉聖樹下，鋪起壇埕把水晶頭顱（圖2-2）擺好，大家圍成一圈，開始呼請各方的聖靈。一位穿著鮮黃色長袍、身上配帶著一長串墨綠玉珠的女祭司拿起水晶頭顱，要我們閉上眼睛，開始進入點化儀式。這是我所經驗過最震撼的儀式，難以用言語形容！

女祭司拿著水晶頭顱，依序放在每個人的頭上點化，並且告訴每個人一句話。坦白說，她說什麼我全忘了，因為當時我已經進入無法用頭腦思考的狀態，整個人似乎已經在另一個次元。我只記得當她把水晶頭顱放在我頭上時，我感受到像電流般強烈的能量襲捲全身，突然之間有股很大的情緒出現，原本我還努力抑制自己不許哭出聲音，但當我聽到同團大叔的哭聲後，就再也忍不住奔騰的情緒，盡情的哭出來，結果大夥全哭成一團……我的大腦無法運作，我們似乎全都進入了另一個次元，不是在地球、不是在帕連奎，所謂的時間已無任何意義。

2-2 水晶頭顱

慢慢地，我聽到女祭司們不斷呼喊著：「帕卡沃坦！帕卡沃坦！」就在我的腦子尚在疑惑著「這是誰啊？」，我已感受到帕卡沃坦的臨在，我感受到祂來到了我們之間，看顧著我們、傳遞給我們智慧，開啟了細胞中閉鎖的 DNA。

帕卡沃坦（Pakal Votan），既熟悉又陌生，因為我從來沒聽過這個名字，但這臨在的感受卻如此強大，是種無可言喻的能量共振。我淚流不止，我只知道我和帕卡沃坦非常的親近……當儀式結束，大家睜開眼睛，才發現每個人都淚眼汪汪，這些女祭司們帶著溫暖的笑容看著我們，每個人都邊哭邊笑，彼此擁抱與感謝。在靈魂層面上我們已經計畫這次的相聚有千年之久，一直到這個地球轉換的時刻，我們才得以在三次元的現在顯化發生。我們的心融合為一，這些語言、文化、人種的隔閡，都在一個個的擁抱與親吻當中，化成輕煙消失無蹤。這是個閉幕儀式，也是個重生儀式。

那麼誰是帕卡沃坦？馬雅長老洪巴茲曼（Hunbatz Men）曾說過，帕卡沃坦來到這個世界是來完成阿梵達（Avatar）的使命，所有的一切都顯示出祂事實上是老師們的老師，祂來到地球就是為了完成這個使命。

在帕連奎的震撼儀式中，當我們呼喊著帕卡沃坦之名，音頻的振動將祂的臨在呼喚而來。祂確實曾在歷史的時間洪流裡，以物質身體存在於地球（631-683 AD）。祂不受時空限制，存在於多次元維度裡。*

☆ 從波符認識太陽圖騰
第 2 個波符：白巫師波 kin 14 ～ 26（磁性白巫師～宇宙白世界橋）
太陽圖騰：白巫師（圖騰序號 14）

---

* 更多關於帕卡沃坦的事蹟，請參閱附錄。

馬雅的卓爾金曆，與白巫師對應的是 IX，意思是魔術師、豹、貓科動物的能量、夜間的先知、獲得神奇力量。

達賴喇嘛的星系印記，就是 kin 14 磁性的白巫師。看著白巫師圖騰，想像著達賴喇嘛閉眼微笑靜心的樣子，是不是對這個圖騰更印象深刻了？

## ☆ 「愛的共時校準」練習

閉著眼睛的白巫師圖騰，最適合的自然校準就是靜心冥想。如果你已經有日常練習的靜心，持續保持靜心是非常好的習慣。如果沒有，也可以運用 13 月亮共時曆的「黃金三角靜心」（請參閱第三章），每天只需要幾分鐘的時間，將自己定錨在當天的能量流裡。

在白巫師的能量裡，啟動松果體也是很重要的練習。請參考〈願景：你在哪裡？要往何處去？──藍鷹波〉「啟動松果體」的練習。

# 3. 實踐：Just Do it! 做就對了！
## ——藍手波

太陽圖騰：藍手（第 3 個波符，圖騰序號 7）
關鍵字：實現、知曉、療癒

　　人和其他哺乳類動物最不一樣的地方，在於人直立行走後將雙手空出來，不再以四隻腳走路。空出的雙手，開始有了各種功能，也創造了多采多姿的世界。

　　人類的手，可以做許多精巧的工作，這是其他動物做不到的。因此太陽圖騰藍手，象徵著人類萬能的雙手，可以實踐完成各種任務。藍手的關鍵字，除了實踐與療癒外，還有知曉。藍手的宇宙原型是阿凡達，也就是化為人身的神。在印度的靈性傳承裡，有許多大師都是阿凡達，也就是神人。他們擁有神的知曉，在人世間將夢想與知識化為實體的形式，成就許多非凡的事業，也成為他人的模範。

　　黃人（右邊）博學多聞的智識（圖3-1），支持藍手完成事物，智識與實踐力合而為一，成為有智慧的行動，將腦中所想實踐完成。藍手的圖騰，有著圓圓的眼睛，聚精會神地往外看，但如果我們一直聚焦在外面，忘了自己的初心與意向，那麼這些動手做出的東西，確實是你真心想要的嗎？藍手的隱藏推動是白巫師（下方），閉上雙眼喜悅地看向自己的內心，邀請藍手在行動時去看見自己的內在，是否心腦一致、是否在行動中放入自己的意圖？

　　比方說，現在很多人會去運動健身，當我們在做重訓時，是否將注意力放在要訓練的肌肉上？還是任思緒飛舞、或是看影片聊天？有沒有將注意力放在對的位置，訓練出來的成果會

3-1 藍手的印記組合

非常不同。同樣的，練習瑜伽時不只是模仿瑜伽老師的動作，而是要把專注力往內確實的感受，並且把意識放在需要注意的部位，動作再加上專注力，讓瑜伽成為身心靈一體的練習。藍手的實踐力，需要一步步的前進，而紅地球（左邊）的直覺導航能力，挑戰藍手按部就班的習慣。但如果藍手願意敞開，那麼紅地球的直覺，會讓藍手有意想不到的可能性。

每個人的雙手都擁有療癒的力量。掌心的勞宮穴與心臟相連，當你帶著療癒的意圖，用心的以雙手觸摸不舒服的地方，就可以將療癒能量傳送出去；當雙手合十在胸前，很自然的會感受自己回到中心；當你真誠的與他人雙手相握，其實是心與心的交流。我們可以運用雙手做簡單的自我療癒，甚至療癒他人，只要輕輕的將掌心放在需要被關注的地方，像是胃部、喉嚨、心輪，在心裡真誠的跟這個部位說「謝謝你、我愛你」，持續幾分鐘的時間，療癒的能量將透過掌心自然流動到需要的部位。

3-2 巴厘島的除夕「惡魔日」：在這個晚上，把心中的負能量化身為外在的惡魔，隨著熊熊火光釋放，還原成清淨的自己。

## 藍手波的聖地之旅──峇里島的寂靜日與惡魔日

在 13 月亮曆法裡，每年的 7 月 25 日是「無時間日」，概念像是我們農曆過年的除夕，隔天 7 月 26 日是新年度的開始，就像是大年初一。世界各地的古老文明與原住民，都有自己慣用的曆法，也都有自己的新年。比方說秘魯安地斯山區的新年，就是在每年冬至（也就是北半球的夏至），因為這一天對南半球來說，是白日最短黑夜最長的一天，在這之後太陽的力量就會回歸，在最黑暗的日子之後就是新年度的來到。

那麼信仰印度教的峇里島人如何度過新年呢？寂靜日是峇里島人的新年，源自於印度沙卡（Saka）曆，日期約在每年的三月至四月間。在寂靜日當天早上六時開始，至翌日早上六時期間，教徒們需嚴守「四大規定」：禁食；不准步出家門，道路及機場全面封閉；嚴禁生火或利用電力照明；不能從事跟靈魂淨化無關的工作及任何娛樂。唯一應該做的，是冥想、自我反省及保持寧靜。由於禁止生火、照明，連同酒店也只保留最基本的亮度。這天，峇里島在衛星上是消失的，如果天氣允許，在沒有光害的情況下，還有可能看見銀河。

於是我和一群夥伴前往浪漫的峇里島，就為了體驗這個所有人都禁語禁食的日子。

寂靜日的前一天，是峇里島的除夕「惡魔日」（2018 年 3 月 16 日，kin 37 光譜紅地球，藍手波），這是一年中最熱鬧喧囂的時候，每個村落都會敲鑼打鼓抬著惡魔神像大遊行（圖3-2）。在這天整個村落聚集起來，從傍晚開始，扛著各個地區精心製作的惡魔塑像，從村落中心出發遊行直到海邊，然後燒掉惡魔塑像，代表著把內在的負能量一併清除。我們在傍晚時出發，在村落集會廣場前，看著由村民們親手製作的各種惡魔塑像遊街，參與了這場去除惡魔的盛會。這一天正好是光譜紅地球，當日能量流的提問是：「我該如何釋放與放下？」[*]在惡魔日的這個晚上，把心中的負能量化身為外在的惡魔，隨著熊熊火光釋放，還原成清淨的自己。

隔天（2018 年 3 月 17 日，kin 38 水晶白鏡）就是峇里島一年一度的新年寂靜日，體驗了完全靜止的一天。在這個古老靈性傳統仍然活躍的小島上，所有商業停止、船隻與飛機停駛，是目前與時間賽跑的現代社會中，全世界唯一可讓商業停止運轉 24 小時的神奇地方。在沒有任何外在事物的分心下，全然的與自己在一起，以這樣的方式開始新的一年。

---

[*] 波符 13 問，請參閱第三章 P.232。

這個節日是峇里島人以信仰和性命，和政府抗爭而來的奇蹟。而我們在這一天除了靜心冥想外，還參與一位當地開悟者的靈光注視，也就是與真理會面的靜心。後來才知道當日能量流是水晶白鏡，在「波符13問」裡，調性水晶是序號12，提問是：「我如何奉獻自己於眾生萬物？」而答案是白鏡圖騰，關鍵字是內在的真實*。而那天的靈光注視，就是與內在的真理會面！

在這兩天裡，同時體驗了喧囂與寂靜，體驗峇里島二元世界的靈性哲學，並感受在這裡黑暗和光明的能量如何和諧共存，而這也正是我們所需要的，在二元世界裡包容不同面向、和諧共處的智慧。

## ☆ 從波符認識太陽圖騰

第三個波符：藍手波 kin 27 ～ 39（磁性藍手～宇宙藍風暴）
太陽圖騰：藍手（圖騰序號7）

馬雅的卓爾金曆中，對應藍手圖騰的是MANIK，意思是手、抓取、關閉、完成的力量。

## ☆ 「愛的共時校準」練習

### 1.「愛自己」的雙手按摩

手上布滿重要的穴道與經絡，雙手每天的使用量非常龐大，不管是粗重活或精細工，都需要雙手才能完成。所以每天好好按摩雙手，是共時校準很好的方式。

首先為自己準備護手霜或按摩油，均勻塗抹在手上，再細緻緩慢地開始按摩。先從手背開始，再一隻隻手指依序按摩，然後到手心。盡可能地緩慢移動，讓每寸肌膚都能感受到你的溫柔撫觸。在感受手的同時，在心中默念著「謝謝你、我愛你」，感謝手帶給我們的一切，並且真心地將愛傳遞給手。在這樣的

---

* 在波符13問裡，「調性」是問題，「圖騰」是答案。

過程中，不僅手得到滋養，全身許多器官也同時得到滋養，因為手有著全身器官的反射區。當做完一隻手後，再換到另一隻手。兩隻手都完成後，可以雙手互握或合十，感謝宇宙給予你雙手的力量。最後也可以戴上手套（如有機棉手套），好好慰勞辛苦的雙手。

除了按摩自己的雙手外，也可以幫你的家人朋友們按摩，尤其是小孩和長輩。請注意按摩的力道，以被按摩者感覺舒適的力道為佳，不需要太用力，最重要的是你的意圖與充滿愛的接觸。

### 2. 動手讓「心手相連」

自己動手做，可以是任何你喜歡的東西：手沖一杯咖啡、準備一席茶、做一頓飯、做甜點麵包、畫畫、種植物、插花……所謂「心手相連」，在過程中將祝福與溫暖放入，每個用心的手作，都帶有強大的療癒力量。

以手沖咖啡來說，讓過程成為一個滋養五感的心靈儀式——從準備咖啡豆與器具的過程，到手沖咖啡時香味的漫溢，到完成後品嚐咖啡的味覺，每個步驟用心去感受，也可以成為你日常的校準儀式喔！

## *4.* 給予：散發光與熱，照亮自己與他人 ——黃太陽波

太陽圖騰：黃太陽（第 4 個波符，圖騰序號 20/0）
關鍵字：宇宙之火、照耀、生命

　　人類文明的發展與太陽息息相關，許多古老文明與原住民，都有崇拜太陽的傳統，像是古埃及、美索不達米亞、印加、馬雅、台灣的原住民等等，都視太陽為智慧與力量的來源。許多科學研究也早已證明太陽能量對地球與人類的影響，太陽能量的釋放幾乎與地球活動、能量與意識完全一致。

　　荷西博士在《馬雅元素》一書中提到，崇拜太陽的信仰中，太陽不只是生命的源頭與維持者，還是其他星系資訊光束的中繼站。更高的智慧與知識實際上是從太陽傳輸而來，銀河源頭「胡納庫」（Hunab Ku）（圖4-1）將訊息與頻率，經由宇宙臍帶「庫桑順」（Kuxan Suum）傳遞到地球時，需要透過太陽這個中繼站。而卓爾金曆，是透過太陽黑子週期的知識去追蹤資訊的方法。卓爾金曆是資訊矩陣，透過與兩個星系交流資訊來源（非常有可能是昴宿星與大角星），經由太陽黑子而創造出來的溝通場域。

　　換句話說，所有來自更高維度的智慧與信息，都需要透過太陽這個轉運站，才能讓身處地球的我們接收到。也許這可以解釋為何幾乎所有的古文明都崇敬太陽，而地球上的生物也仰賴著太陽光。

4-1 銀河中心胡納庫
（Hunab Ku）

### 我們都是太陽之子

　　不論是馬雅預言、印加傳說，甚或是其他古老文明，都認

為我們現在正處在一個關鍵時刻：舊時代的結束帶來了新時代的開端。印加人相信宇宙的循環週期是一千年，五百年是白天，五百年是黑夜。在西元 1492 ～ 1532 年間，西班牙人的入侵開始了上一次的黑夜，而五百年後的現在正是旭日初昇的新時代。在印加的靈性傳承裡，所有的人都是太陽之子。每天我們接收來自於太陽父親的光與熱，但是在太陽父親的後面，還有個「太陽之後的太陽」，也就是中心太陽，透過太陽父親將生命之能傳遞給地球上的眾生萬物。我們透過靈性體來接收這些光與靈性能量，進而流入我們的肉身。

在印加文化裡，大部分建立的印加神殿是為了榮耀太陽，通常位在當地最高的位置，而這些太陽神殿被稱為 Intiwatanas，意思就是拴住太陽的地方，也就是錨定光之所在（圖4-2）。這個名稱代表了人與太陽之間的互惠、淨化與連結。這些古老神聖的太陽神殿吸引著人們前往，是因為細胞中的記憶被喚醒，當我們身處太陽神殿時，在意識上成為了太陽之子，只要去感受光是如何地進入我們，在我們的身體內如何往下移動到地球，我們就成為了橋樑，結合太陽父親與地球母親。

在日常生活裡，有意識地連結太陽，將協助我們在身體與意識上產生轉化。每天早晨醒來睜開眼睛，我們可以感覺到祂的光在各個層面上照亮我們；當我們站在祂的面前，我們有機會去創造出強力的交流與能量的交換。每天我們看著太陽父親，吸收祂的能量，這不僅是一種儀式，也是每天應做的練習（詳見愛的共時校準練習），讓自己擁有像太陽一樣的特質，成為真正的「太陽之子」。

## 古老印加智慧的太陽特質

秘魯薩滿霍禾是印加古老智慧的守護者，在世界各地宣揚太陽之子的教導。霍禾曾與我合作一副牌卡「印加神諭卡」，一開始即提到，身為太陽之子的我們，要看見自己擁有與太陽一樣的特質。那麼從印加智慧的觀點，太陽擁有什麼特質呢？

### 1. 清晰（Clarity）

清晰讓太陽之子能夠認出自己的本質與潛能，當我們與太陽父親的光連結時，我們就能夠在更深的層次了解自己。每天與太陽父親說話，我們的情緒與靈性將會被淨化，在物質身體上感覺活力充滿。

黎明之前是最黑暗的時刻，太陽升起之後，一切都變得更為清晰。在黑夜時期，一切都有些困惑、昏沉、模糊不清；但在進入白日之後，所有的生命都在等待著光，喜悅地接收著新的光線，萬物變得清晰而多彩繽紛。帶著清晰的品質，我們可以用不同的觀點來看待過往，這將改變我們對生命的感知，讓沉重的生命變得更輕盈，也更能運用另一個品質——透明。

### 2. 透明（Transparency）

透明，從自身開始。透明就是對自己誠實（內在誠信），全然的接納自己，不論好壞優缺。當我們看見自己所擁有的天賦，我們就能看見並接納自己的缺點。當我們能夠看見缺點，我們就能開始去療癒，進而平衡與和諧。如果我們對自己不夠透明，我們就無法看見生命中的缺失，因為大部分的時候，這些缺失都隱藏在黑暗的角落，不願意被看見。只要有意願讓光照進，我們的內在就有機會純淨通透。

### 3. 光明（Luminosity）

在內在太陽的光之中，我們可以明白地看見自己的天賦，即使是那些從童年時，因為學校、社會、家庭等等告訴我們不夠好、讓我們不再相信自己的部分，都因內在太陽的光而消融。在光明之中，我們開始看見什麼可以讓我們真正快樂。

在黑夜時期，我們不相信自己是特別的，總是想成為他人，而不是做真正的自己。在光明之中，我們可以做真實的自己，發揮創造力，實現自身本有的天賦。

4-2 馬丘比丘太陽神殿拴馬柱，象徵拴住太陽的地方，即錨定光之所在。

## 4. 溫暖（Warmth）

太陽父親創造並分享溫暖給地球母親，當我們與太陽父親說話，並帶著感恩接收祂的溫暖，我們會感覺到光從內在升起。我們對事物將有更清楚的觀點，對關係產生正面的影響，並且更為適應與周遭環境的互動。為什麼溫暖很重要？因為溫暖而散發出來的熱是生命整體的力量之一，如果我們無法對自己溫暖，我們也無法對他人溫暖。為了要讓我們的存在進入到更深、更覺知的狀態，我們需要更有意識的覺察自己的內在對話。

問問自己：我對自己是使用溫暖的、還是冰冷嚴厲的話語？一生當中，與自己對話是時間最長、也是最重要的。我們很容易嚴厲的要求自己，常常對自己說「做得不夠好」。

邀請你做個有趣的練習，去觀察自己習慣用哪種方式跟自己對話：是溫暖鼓勵的話語比較多，還是常常嚴格的批判自己？當我們越是用溫暖的話語與自己對話，就越能去改變我們與他人的關係。當我們從內在開始溫暖起來，就有可能把這樣的愛延伸出去創造，做更多的服務、更為熱誠的分享，並且開心地為世界做更多美好的事。

### 5. 熱誠（Enthusiasm）

熱誠（enthusiasm）這個字來自於希臘文，意思是「在你之內的神」。當我們將太陽父親與內在太陽相連結，我們就能開始連結「太陽之後的太陽」，亦即中心太陽，也就是神所在之處（銀河源頭）。

當我們覺察到自身內在太陽的光亮時，我們就可以活出熱誠的、有意識的、充滿靈感的生活。熱誠除了充滿熱情的行動，也像太陽般發散溫暖的生命品質。當你運用更多溫暖的話語，你會越來越正向，帶來更多正能量，進而將更多的熱誠帶入生命中。

### 6. 聰慧（Brightness）

「聰慧」不僅是指聰慧的頭腦，還有聰慧的靈魂與心，也就是聰慧的內在自我。大部分的時候，我們尋找他人的光來照亮我們的道路，我們以為老師才是這道光。事實上，你就是你道路的光。愛、服務與智慧（Munay, Llankay, Yachay）形成力量三角形，當你在生命與光中服務時，那就是你將愛表達出來的時候，而愛永遠都在服務之中，如果沒有愛，就不是在服務裡。

### 7. 彼此支持（Solidarities）

在西班牙文中，Solidario 是團結一致的意思。Sol 是太陽，所以這個詞的意思就是每天都成為太陽，擁有像太陽般的力量與特質。就更深層來看，生命支持著生命，一切都是相互聯結、相互依存、互惠與互成比例的。團體或組織透過共同的理念或制度而相互支持，但是當我們活出內在太陽的意識時，即使不在任何的組織裡，我們很自然地就會在相互支持的狀態裡。

這可以在每個人身上發生，不需要透過組織，也不是同組織的人才可相互支持，事實上我們可以更進一步去支持每個在身邊的人。這是我們生命的內在太陽的影響力，只要有意願，

4-3 黃太陽的印記組合

每個人都能成為自己與他人的小太陽！

　　太陽的能量是無私的分享給予，只要陽光能照到的地方，都能接收到太陽給出的美好。黃太陽圖騰的挑戰／拓展是白狗（左邊）（圖4-3），提醒著黃太陽，要觀照自己，是否有好好的愛自己，還是拚命付出，忘了自己才是一切能量的源頭呢？太陽的光，「剛剛好」最好：春天的陽光讓萬物生長，夏天的陽光熱情四射，秋天的陽光幫助收藏，冬日的陽光使人溫暖。愛、服務與智慧的力量三角形，提醒黃太陽們，如何有智慧地給出愛與服務。

　　藍風暴（右邊）是黃太陽的支持力量，風暴過後，太陽就會出現。生命中的風暴帶來領悟，自我運生的力量就在我們之內。如果沒有狂風暴雨，又怎麼能體悟雨過天晴的欣喜？卓爾金曆裡最後一個圖騰是 kin 260 宇宙黃太陽，銜接第一個圖騰 kin 1 磁性紅龍，開始了新的週期，可以決定是否提升版本、還是要繼續原來的頻率。所以紅龍（下方）是讓黃太陽前往更高版本的隱藏推動。

☆ 從波符認識太陽圖騰
　　第 4 個波符：黃太陽波 kin 40 ～ 52（磁性黃太陽～宇宙黃人）
　　太陽圖騰：黃太陽（圖騰序號 20/0）

　　馬雅的卓爾金曆中，對應黃太陽圖騰的是 AHAU，意思是太陽心智、太陽之主、主宰、智慧、知識。

☆ 「愛的共時校準」練習
　　在黃太陽波符或者與黃太陽能量有關的日子裡，可以用以下的方式與太陽連結：

## 1. 玻利維亞蒂瓦納庫的太陽門

在印加神諭卡裡，有個跟黃太陽特別有關的聖地，那就是玻利維亞蒂瓦納庫的太陽門（圖4-4）。

〔關鍵訊息〕光的門戶每天帶給你新的密碼、新的訊息，以擴展這個光。

蒂瓦納庫位於的的喀喀湖邊的玻利維亞境內，海拔高度3825公尺。太陽門原先是由一塊大石頭雕刻而成，高3公尺寬4公尺，約10公噸重。太陽門在藝術史上相當的重要，上面雕刻的圖像在整個秘魯與玻利維亞都可見到，隱含著天文學的意義。關於太陽門上的圖像有各種不同的解釋，有許多人相信這代表了一種曆法。

門楣上雕刻了48個有翅膀的生物，32個是人臉，16個是禿鷲的頭，全是同樣大小在一個個的方塊裡，而這些不同的臉似乎代表了許多不同的種族。他們全都面向門楣正中間的雕像，中心的雕像是個人形，有24道線從他的臉射出，環繞著他的頭，一般認為這代表的是人們所崇敬的天神。他的兩隻手上各握著一支權杖，一個象徵雷，另一個是閃電。有些歷史學家相信中間的雕像代表的是太陽神（因為頭上所環繞的24道光），而有些人則認為這是印加的神祇維拉科查（Wiracocha）。

太陽門的祝福讓你憶起自己就是個門戶，就像太陽父親是個偉大的門戶，讓生命能量流經祂的身體。我們是太陽之子，我們也是門戶。問問自己，你是以光、還是恐懼，來通過你，流進自己與他人的生命中？讓光——也就是愛、服務與智慧——流經我們的生命裡。

你可以這麼做：以舒服的方式坐著，將脊椎挺直，有意識地將能量集中在兩眉之間，然後雙眼與第三眼一起，凝視這張太陽門的圖。你可以持續看著圖中的光，然後再輕輕地閉上雙眼，讓太陽門的光進入你。如果有任何的情緒、感覺或能量的

蒂瓦納庫的太陽門
2.7 Sun gate of Tiwanaku

4-4 印加神諭卡〈蒂瓦納庫的太陽門〉

3.1 歡迎太陽 Greeting to the sun

4-5 印加神諭卡〈歡迎太陽〉

流動，允許它自然地發生。當你覺得和太陽門已經建立起連結，你也可以試著提問，或者以任何你覺得合適的方式和它交流。

### 2. 問候太陽，記得心中的光

〔關鍵訊息〕問候太陽就是問候自己。要擁有卓越不凡的人生，關鍵之一在於問候自己。

每天當你醒來時，請問候自己，記得你心中的光。

當我們問候太陽時，我們就是在問候自己，憶起我們是光的存有（圖4-5）。每天早上醒來時朝向東方，如果可以看得到太陽，請面向太陽並迎接太陽父親的光。如果看不到太陽，請記得能量與意識超越時間空間，我們仍然可以觀想太陽父親的光碰觸到我們的內在太陽。

### 3. 嗅聞柑橘類精油

如果覺得想要加強內在太陽的力量，或者想給自己一些開心的正能量，可以運用柑橘類精油，如檸檬、佛手柑、甜橙、葡萄柚等等，可以滴在精油項鍊或擴香，以嗅吸的方式連結太陽的能量，就會感覺到內心喜悅，充滿陽光的正能量。注意：因為有光敏性，請勿直接接觸皮膚。

## 5. 探索：像孩子般的好奇
### ——紅天行者波

太陽圖騰：紅天行者（第 5 個波符，圖騰序號 13）
關鍵字：空間、探索、醒覺

探索是生命裡必要的品質之一，帶著好奇的心，像個孩子般的感知這個世界。如果失去了好奇心，人生將失去活水，生命也就失去了動力。

探索是以敞開的心去體會生命的不同面向，在過程中得到的經驗，將滋養你的生命。旅行至不同空間，也是一種探索，甚至對有些人來說，透過旅行探索人生，是生命中必然的道路。

以我來說，透過旅行探索生命，是一連串共時性的帶領。旅行彷彿是我與生俱來的基因，原本以為是上升射手的關係，卻在學習 13 月亮曆之後，我才知道自己主印記黃星星的隱藏推動是紅天行者，也驗證了過往多年的內在探索，為何常是透過外在的行旅而發生。

多年前「光的課程」靈媒 Toni 奶奶來台時，我曾去找她做過一對一的諮商。那時才剛走上內在道路沒多久，對未來的道路茫然無措，生命裡滿滿的疑惑。Toni 幫我抽牌後直接告訴我：「帶領人們前往聖地，非常適合妳。」在光之上師的鼓勵下，我開始帶著人們到聖地旅行，從最早的印度曙光村，到後來的中南美洲，甚至還為此考取國際領隊執照，就如紅天行者對我的意義，是一股隱藏的推動力量，讓我持續向前。

旅行對我的意義，並不是好吃好玩好買，而是探索生命的各種可能性。需要積極的行動力，也需要感知與覺察力，更是一種憶起，將多元宇宙中的自己統整回歸。近幾年朝聖之旅蔚

5-1 紅天行者的印記組合

為風潮，很多人會到歐洲走聖雅各朝聖之路、印度或東南亞的佛國朝聖之旅、西藏的轉山之旅……等，在台灣每年媽祖生日時的遶境，也是許多信徒年年期待的重頭戲。這些在三次元的朝聖之旅，其實是在多次元的空間同步發生，許多人在朝聖的過程中，開始啟動「與神對話」，經驗到奇蹟般的共時性，心中真誠的祈求常常不可思議地實現，即使遇到困難，也能在堅定的信念下得到幫助，讓人不得不相信，確實有看不見的力量在指引芸芸眾生。

朝聖的過程，就是與更高次元的存有以愛連結的過程，當你一步步的走在路上，也就是一步步的朝向合一之境。

世界名廚安東尼波登說：

「旅行並非總是美妙，也並非總是舒適，有時它很傷人，甚至會讓你心碎。但沒關係，旅程會改變你。它也應該要改變你，它在你的記憶、你的意識、你的心頭、你的身體留下痕跡。」

紅天行者的能量，有著火熱的行動力，像是哪吒踩著風火輪，如風般的火速上天下地。白世界橋（右邊）（圖5-1）搭起了空間之間的連結，讓紅天行者不受空間限制，是紅天行者的支持力量。藍夜（左邊）的夢想，給了紅天行者許多想像，但隨之而來的不安與焦慮，挑戰著自己對豐盛的信念。請記得，頭過身就過，藍夜的直覺挑戰紅天行者，也同時帶來拓展！而黃星星（下方）的優雅，推動著紅天行者從容地穿梭不同空間，不因為行程忙碌而失去了優雅。紅天行者圖騰裡的四根支柱，會穩穩地占好位置，不因慌亂而失去方向。

## 迷宮深水洞的重生之旅

2014年的秋分馬雅之旅，正好就在紅天行者波符，我們探索了各種從未經歷過的場域，非常符合紅天行者「連結天地」的特質。許多馬雅遺址仍然持續在挖掘中，有許多奧祕等待著

被探索，這次旅程造訪了幾個才剛剛打開能量門戶的區域，甚至在某些地方，我們是第一個進入的亞洲心靈團體。我們與蓋亞母親一起工作，進行儀式打開聖地能量，讓後繼者可以連結並觸及其中蘊含的智慧。

這次的旅程中，我們去了好幾個與水相關的地方。猶加敦半島上有個獨特的地下水洞系統（Cenote），大約在六萬五千年前，隕石撞擊猶加敦半島的西北部，使得地球氣候產生急遽的變化，50% 的物種因而滅絕（包括恐龍），並形成了猶加敦半島上一連串的水洞與地下河流。這個區域屬於石灰岩地形，水洞裡面有許多鐘乳石與石筍，水溫終年在 25、26 度，是個非常特殊的生態系統。在猶加敦半島上大約有六千座天然水洞，水洞共有四種不同類型：有些完全在地底下，有些一半在地底，有些則是像湖泊或池塘，還有些則是像露天的水井。這些水洞透過地下河流彼此相通，每個都具有不同的能量。

2014 年 9 月 16 日（kin 61 太陽紅龍，紅天行者波，引導是紅地球），我們來到拉伯納哈。拉伯納哈是個相當知名的地下水洞，意思是「水中古老的神殿」。這個區域有三個水洞，一般遊客只能到第一個，而我們要去的水洞位置在最裡面，只准許研究人員或有特殊目的者進入。從入口進去後分為兩邊，我們先到旁邊水深及踝的淺水洞開啟能量，再依序到深水洞的入口，展開「面對恐懼」的旅程。

在深水洞裡不需要潛水，只要穿著救生衣就可以浮在水面呼吸，即使不會游泳也可以安全前進。但裡面水道錯綜複雜如同迷宮，若不是有水洞導遊帶領循著繩索前進，一旦脫隊迷路，可能就永遠回不去出口，連導遊都說他是靠著繩索才知道路線，如果繩索斷了，可能就永遠回不去了！水洞剖面的結構像個水中教堂，我們漂游在水洞的頂端，就像在教堂的塔頂或是冰山一角，腳下的水世界深不見底，如同我們龐大的無意識與潛意識層次。我曾試著將頭沉入水面下，想看看水下世界的樣貌，但光線只照到約一兩公尺深，更深之處所有的光都被吸入到無

盡的黑暗裡，如果腦補下去，什麼鬼怪都有可能從水底冒出來。我不禁打了個哆嗦，還是把頭浮出水面感覺安心些。

當我們順著綿長的水道游到深處時，帶領老師要大家停下來做個很重要的靜心。所有人都要將頭燈熄滅，安靜地與自己在一起，去感受內在與身體的感覺。由於這裡水深達一百公尺以上，當燈光全部熄滅後，我們全都漂浮在無盡的黑與冰冷之中，彷彿進入了「空」裡的無重力狀態，沒有時間空間，沒有任何參考點。這裡是地球母親的子宮，是超越時空的創造之穴，在無盡的黑暗裡有無限的可能。奇妙的是，感覺自己從一開始有點緊張害怕，到後來很放鬆地在黑暗裡漂浮，內在有種被保護的安全感，沒有任何恐懼。在全然的黑暗中，彷彿回到了宇宙最初的源頭。

大約十分鐘之後，大家再把頭燈打開重見光明，我才看到原來自己已漂離原來所在之處。在宇宙中是否也是這樣的漂浮呢？電影《星際效應》裡，男主角庫柏最後身處於宇宙無盡的黑暗與寒冷中，是與女兒緊緊相繫的愛，才讓他超越時空限制，回到最初的地方吧！我們每一個人，不也是因為愛，才從宇宙的各處來到地球嗎？

當我們循著原路游回洞口，真的有種重生的感覺。在離開水面、接觸地表陽光的瞬間，有意識地接收眼睛所見的第一道陽光，陽光所攜帶的 DNA 編碼將打開我們的身體，迎接我們的重生。事實上每天早上醒來就是一次重生，我們都可以用這樣簡單的儀式，來迎接每個嶄新的一天 *。

## 阿蘇爾聖井播下水晶種子

（2014 年 9 月 19 日，kin 64 水晶黃種子，紅天行者波）

離開拉伯納哈後，我們繼續沿著海邊往南行，來到靠近貝

---

*請參閱〈4. 給予：散發光與熱，照亮自己與他人——黃太陽波〉「問候太陽儀式」。

里斯邊界的七彩湖。位在七彩湖邊的阿蘇爾聖井（圖5-2），直徑約兩三百公尺寬，深度據說在一百公尺以上，四周環繞著原始紅樹林，為整個聖井罩上一層神祕帷幕，有些遙遠的深處看起來似乎從沒有人造訪過。這個聖井非常神祕，水底下有個水晶金字塔，有水晶存有守護著，必須要得到准許才見得到祂們。這是地球上發現唯二的水底水晶金字塔的所在地之一（另外一個在秘魯的的喀喀湖），我們將在這裡舉行水儀式，將一顆水晶放入聖井中還給地球母親，就像在聖井中播下種子一般，讓水晶療癒、開啟、並回歸至水底下的水晶金字塔王國。

儀式的進行有一定的程序，志願者在到達定點後，先在水中舞蹈，再像海豚一樣在水裡和水面上發出聲音，接著將水晶放入水中。因為必須要潛入水裡進行儀式，所以這個志願者不能穿救生衣或戴呼吸管。有位團員自願接下這個挑戰，代表整個團體將水晶獻給水底的水晶存有。後來她描述了這個過程：

5-2 靠近貝里斯邊界的七彩湖邊的阿蘇爾聖井，是地球上發現唯二的水底水晶金字塔的所在地之一。

「我只有一個意圖，我全然的敞開自己，讓阿蘇爾水晶金字塔中多次元的存有引領我將水晶放在屬於它的地方。我不知道自己游了多久，過程中，時間感消失了，當我眼前出現一大一小的地底黑洞時，我瞬間感覺到我要將水晶放在這個定點……將水晶放入水中之後，很多人開始看到從很深的水底放射出來的光芒，光束的放射方向與陽光灑入水中的光線很不同，實在令人無法置信眼前的景象……放完水晶之後，對我而言，彷彿是一場與這場域裡各次元連結的慶典。我在這之前甚至是之後，再也沒有那樣清晰的感受到，我不只是在這三度空間中的『我』而已。我在仰躺時，看見像雷神索爾裡星球間的傳送通道般的彩虹通道，從天空連結聖井、消失、再出現在不同位置，共兩次……」

這位勇敢的志願者是 kin 207 水晶藍手，黃戰士波。在 2022 年 3 月，正值盛年的她因為車禍意外而離開了地球。後來我計算她與這天印記的合 kin，竟然是 kin 11 光譜的藍猴，也就是荷西博士的印記！當下我既驚喜又感動，謝謝她在馬雅之地，給予地球母親這個禮物，也謝謝她曾經來到人間，讓每個與她接觸過的人看見她的美好。而進行水儀式的這天（kin64 水晶黃種子），引導能量正是黃戰士。透過擁有療癒之手（藍手）的她，在黃戰士的引導能量裡，以她出生波符黃戰士的無懼本質，為我們播下了水晶的黃種子，完成了這個傳遞愛的任務。這一天是水晶（調性 12）的日子，而她的主印記的調性也是水晶！波符 13 問裡水晶調性的提問是：「我如何為眾生奉獻自己？」為地球母親種下這顆水晶種子，不就是最美的奉獻嗎？

謝謝妳，親愛的小天使，謝謝妳來過地球，並以具體行動為水晶調性做了最完美的示現。


☆ 從波符認識太陽圖騰
第 5 個波符：紅天行者波 kin 53 ～ 65（磁性紅天行者～宇宙

紅蛇）

太陽圖騰：紅天行者（圖騰序號 13）


馬雅的卓爾金曆，對應紅天行者圖騰的是 BEN，意思是天行者，天與地的支柱，統合天與地的渴望，更高心智成長的法則，蘆葦（仔細看紅天行者的圖騰，是否就像是天與地的支柱，也像是蘆葦呢？）


## ☆「愛的共時校準」練習

### 梳理生命歷程

如果你是個喜愛旅行的人，可以試著去回憶過往的重要旅程，是在什麼波符、什麼印記，曾經發生了什麼重大的事，對你有什麼影響。以你自己的方式做記錄，去找到生命軌跡的脈絡，也許你會從中發現以前從未注意過的共時性，看見其中的意義。

將每年國曆生日的印記列出，你會發現每年生日是由四個印記依序輪流出現，端看你是屬於哪個「家族」（請參閱第三章）。每年西曆生日會在四個印記裡輪流，以黃星星來說，屬於「信號家族」，這個家族裡的圖騰包括：紅天行者、白鏡、藍夜、黃星星。每年的流年印記依循著紅、白、藍、黃的顏色輪轉，調性則是每年加一。

回想每年生日是在哪裡度過、當時的心情、許下的願望……等，再回想這些過程與印記能量是否符合呢？或者從每年生日當天印記的能量流裡，可以梳理出那一年裡的發生，看見之前未曾注意到的部分。這是屬於你的生命旅程，帶著好奇心去探索自己。接著你可以許下承諾，以後每年都要活出當年度生日印記的能量，給自己一個不一樣的年度生日禮物！

## 6. 連結：從此岸到彼岸
### ——白世界橋波

太陽圖騰：白世界橋（第 6 個波符，圖騰序號 6）
關鍵字：死亡、均等、機會

　　在安地斯山的傳統裡，協助人們從河的此岸到彼岸的人，被稱為「恰卡魯納」（Chacaruna），也就是「如橋之人」。這裡的河是「意識之河」，恰卡魯納就像個擺渡人，將人們從現在的意識狀態帶到另一個意識狀態。恰卡魯納是在不同世界裡行走的人，包括上部世界、中部世界，以及下部世界。他也能夠搭建一座從頭腦到心的橋，或者從現在回到過去，甚至是未來。

　　在高靈克里昂的「十二之圓」（Circle of 12）靜心中，靜心者要觀想自己走過一座橋，揭開帷幕，來到另一邊的世界；而中國民間傳說往生者在死亡之後，會走上奈何橋，進入死後的世界。橋樑的本質就是連接各種端點，把原本分開的事物連結起來。至於這座橋是什麼樣子，則在於你想要塑造的樣貌，而這與你的狀態有關。在克里昂的「十二之圓」靜心裡，靜心者自己去想像這座橋的大小形狀，路面是平順的還是坑洞？是單向、雙向還是四通八達？是只能步行，還是可以行走不同的交通工具？橋的性質顯示了靜心者的內在狀態，也會隨著靜心者的狀態而改變。

　　橋的每個特性都代表了自己的狀態：要放下什麼？要連結什麼？與他人之間，要建立什麼樣的關係？最終都要回到自己的內心，看見什麼是必須的連結，什麼又是自己的執念，什麼又是不必要、造成自己負擔的連結。

白世界橋的圖騰，就像是一雙互握的手，搭起了連結。紅天行者（右邊）（圖6-1）在空間中自在穿梭的能力，讓白世界橋可以不受限制，連結更多可能性，所以紅天行者是支持的力量。而黃戰士（左邊）的無所畏懼，雖然會挑戰白世界橋已經建構好的世界，但也因為這樣無懼的特質，可以將橋拓展到更遠的地方。透過藍鷹（下方）清晰的願景，從鳥瞰的宏觀視野看見如何建立最適合的橋，才不會陷入見樹不見林的狹隘。白世界橋圖騰的閉眼向內，看見自己的核心，關注自己內心的真實，也需要藍鷹（隱藏推動）的張眼看見全面的視野。

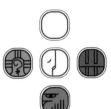

6-1 白世界橋的印記組合

## 水晶龍線秋分儀式

墨西哥喀拉克穆爾（2014.9.21 kin 66 磁性白世界橋，白世界橋波）

2014 年馬雅水晶龍線之旅的二部曲，特別選在秋分中午時刻，在墨西哥南部的喀拉克穆爾做儀式。喀拉克穆爾緊鄰全世

6-2 水晶龍線秋分儀式

界最大的馬雅遺址艾爾米拉多（El Mirador），由於地處偏遠，此地還有很多地方尚未挖掘，保存著相當原始的能量。

我們來到做秋分儀式之處，有塊圓形如石桌般的大型巨石就在金字塔前方。依照方位布置好壇埕後，大家紛紛把自己的水晶與聖物放上壇埕，圍成一圈等待儀式的開始（圖6-2）。接著每個人都喝下可與地球母親連結、由紫玉米釀製的巴切汁，喝下的瞬間有股能量隨著巴切汁進入身體，全身都隨著巴切汁所引動的螺旋能量而打通了！

我們閉上眼睛接受點化儀式，然後拿起手中的水晶，將意念投注其中。我們每個人都是一個啟動器，從心裡和靈魂的本質一起創造水晶龍線，觀想水晶龍線從水晶龍的聖殿開始啟動，而這個聖殿就是台灣。這個秋分儀式是為了水晶龍線，也是為了與台灣相關的每一個人。

多年後我才發現，水晶龍線的秋分儀式是在白世界橋波的第一天完成，有著雙重的白世界橋能量（kin 66 磁性白世界橋，主印記與引導能量都是白世界橋、白世界橋波符的開始），而台灣作為水晶龍線的起點，本身就是未來黃金彩虹網格的橋樑，這個美妙的共時性，將馬雅聖地與台灣的多次元能量橋接在一起。

## 秘魯死藤水儀式

另一個與白世界橋相關的事件，則是我在 2017 年於秘魯參加的死藤水儀式（圖6-3, 6-4, 6-5）。

死藤水，是個非常白世界橋的儀式——橋接死亡與重生，橋接不同的世界。漫威電影黑豹裡的心型藥草儀式，在我看來就跟死藤水儀式相當類似！

那次旅程對我而言是個非常大的挑戰與拓展，後來才知道那時正在我的挑戰波符白鏡波。死藤水儀式的那天晚上，當日

星系印記是 kin 126 太陽的白世界橋（圖 6-6），而引導的能量是白風。在儀式中，我經歷了一段死亡的過程，有一段時間裡，不管張眼閉眼，看見的景象都很詭異，我感覺「我」不見了、呼吸停了、心跳停止了、無法控制身體的運作。但另一個部分的「我」告訴自己，不能就這樣離開，還有很多團員在，必須要帶著大家回去……（啊我真的很有責任感！）

直到儀式結束，我才明白自己經歷了一段超乎想像的死亡過程。死藤水被稱為藥草之王並非浪得虛名，是真的讓人先「死」而後生，在肉身層次經歷瀕死的過程：原來我還有好多的放不下，還有許多想做而未做的事，還有許多的恐懼！我也才明白，許多教導所說的小我的死亡，是多麼不容易達到的境界。因為，「我」將完全不存在，那代表著所有熟悉的一切都將瓦解，所有與世界的聯結都將斷絕，沒有一個「我」存在，什麼都沒有！靈性典籍告訴我們，只有當「小我」消亡，才能真正了悟；要能真正了悟，就我現在的理解，對死亡若能毫無恐懼，將是其中莫大的關鍵。

當「我」不見了，生命中最重要的是什麼呢？

我在那次的儀式裡，經歷了死亡與重生，也體驗到宇宙之愛，從而明白了，愛才是生命的本質。更多關於死藤水儀式的故事請參照〈10. 反射：外境即是內鏡——白鏡波〉。

### ☆ 從波符認識太陽圖騰

第 6 個波符：白世界橋波 kin 66 ～ 78（磁性白世界橋～宇宙白鏡）

太陽圖騰：白世界橋（圖騰序號 6）

馬雅的卓爾金曆，與白世界橋對應的是 CIMI，意思是死亡、啟示、了悟肉身的死亡。

6-3

白色太阳的世界桥　　　　　126

我为了均衡而脉动
实现着机遇
我标志着死亡存储的力量
透过意图的太阳调性
我被灵性的力量所指引

波符 10
白镜子
无止境, 反射, 秩序

电力的月

2017年9月26日 周二

6-6 白鏡波，kin 126，太陽的白世
界橋（資料來源：13:20:Sync）

6-4

6-5

6-3~5 死藤水儀式

## ☆「愛的共時校準」練習

### 1. 穿越死亡恐懼的聖地

　　在印加神諭卡裡，有一張聖地牌卡，是練習穿越死亡恐懼
之處（圖6-7）。希盧斯塔尼（Sillustani）位在的的喀喀湖西北邊
的烏瑪悠湖旁邊，這裡以古代的墓地而聞名。在印加與前印加
時期，此地是用來預言了解今生與來世的地方。

希盧斯塔尼的振動頻率非常特別，在這裡相隔不同世界的帷幕非常「薄」，所以當你看著這裡美麗的光與景色時，你會覺得自己彷彿在看著另一個實相的世界。西班牙人在此地發現許多墳墓與人類的遺骸，所以推斷這裡的主要功能是墓地，還說這是懲罰人的處所，但當地人則把這裡視為墓地與聖殿的組合。就像基督教裡將重要的主教或人物埋葬在教堂裡，這裡的區爾帕塔（Chullpas）也被視為埋葬塔或是儀式用的建築物。所有的區爾帕塔都面對東方，因為太陽的第一道光是靈魂的食物，也是揚升之光。這裡是點化之處，是重生之所，也是知曉生命的地方。

### 透過死亡，我們學習如何活著

在地球這個學校的主要目的，在於知曉生命的意義，最重要的點化之一就是穿越我們的恐懼。如果你能夠面對死亡的恐懼，其他的恐懼就微不足道了。你如何面對死亡的恐懼？如何捨棄所有你以為是屬於你的東西？你以為這些珍貴的東西是屬於你的，但最後你仍然要決定誰來繼承這一切。雖然在意識上你可以決定要給誰，但是在脫離執著的過程裡，你開始明白，除了自己的靈魂之外，其實你沒有擁有任何東西。然後你才了解，生命的意義在於照顧靈魂，享受生活，也就是如何滋養你的靈魂，長出強壯的根，好讓你在任何時刻都能盛開綻放。

6-7 印加神諭卡〈希盧斯塔尼〉

1.5 希盧斯塔尼 Sillustani

### 練習方式：

在與白世界橋相關的日子裡，找個安靜不被打擾的時間與空間，先做幾個深呼吸，進入到自己的內在。

看著這張牌卡，以眉心輪連結區爾帕塔的能量一些時間，然後閉上眼睛觀想自己坐在塔

裡，準備死亡的時刻來到。

感受自己的呼吸緩下來，將身體僵硬的部分放鬆下來……如果這時候你就會死去，有什麼人事物是你放不下的？有什麼還沒有做到的？有哪些遺憾是你想要去改變的？你的恐懼是什麼？

透過這個練習，去看見生命中你最恐懼的是什麼？最重要的是什麼？當你看見了，光就能開始照進黑暗之處，你將有勇氣面對你的恐懼。

### 2. 觀想死亡

在大衛‧米奇的暢銷書《最後十四堂星期二的課》裡，得到漸凍人症的老教授告訴他的學生，死亡就像是他肩頭上的一隻小鳥，每天他都會問：「就是今天了嗎？」電影《喜悅：達賴喇嘛遇見屠圖主教》中，達賴喇嘛說他每天都會觀想五次死亡與重生，他開玩笑的說，等他真正將死之時，應該已經做好萬全準備了！對我們來說，要像達賴喇嘛這樣的觀想，應該很難做到，但死亡是個提醒也是個禮物，幫助我們真正的活出生命。

事實上，死亡（或是佛教裡說的「往生」，前往下一生）是每個人必定會經歷的生命事件，但由於在我們的文化中避談死亡，所以大多數人並沒有準備好面對那個殊勝的時刻。在《最後一次相遇，我們只談喜悅》這本書裡提供了一個觀想死亡的練習，與達賴喇嘛每日的練習相比，這是一個比較簡單的版本，分享給大家作為日常校準的練習：

①思考這一句話：「有生必有死，我亦不例外。」

②再仔細想這段話：「很多情況都會死亡。死亡無法阻止，沒有任何力量能夠阻止必然會發生的事。」

③現在想像自己臨終在床。問問自己以下的問題：「我是否愛過人？我是否帶給別人喜悅和慈悲？我這一生對別人重要嗎？」

④想像你自己的葬禮，想像你所愛的人為你籌備葬禮，並稱呼你為「已故的某某人」。

⑤設想大家提到你會有什麼評語？他們所說的你滿意嗎？你現在能做些什麼改變，使得到時大家對你的評語會不同？

⑥以下述的決心結束觀想：「我的人生應當隨時有目標。時間從不停留，如何運用時間做最有意義的事，操之在我。我的生活應當與我內心深處的志趣和諧同調，這樣到了臨終之時，我才得以安祥離開，不留悔恨。」

### 3. 啟動「斷捨離」

白世界橋的能量，很適合做斷捨離的清理。整理不見得要大規模的一次做完，也可以一次一小部分，重點是「啟動」清理的狀態。比方說打開冰箱時，發現有些東西已經過期，那麼就可以順手將層架上其他也已經過期的物品整理或丟棄。任何時候只要想做，都可以動手整理囤積已久的物品，整理自己的狀態，隨時隨地都可以進行。「如內亦如外」，當我們清理外在就會清理內在，同樣的，在淨化內在的過程裡，通常也會開始整理外在。當內外在的事物越來越輕簡，生命的狀態也會越來越清晰。

# *7.* 變革：危機就是轉機
## ——藍風暴波

**太陽圖騰：藍風暴（第 7 個波符，圖騰序號 19）**
**關鍵字：自我運生、催化、能量**

巨變，是轉化的催化劑。如同突變，是演化最重要的因素之一。

每次看到藍風暴圖騰，就不禁想起雷神索爾。雷神索爾是北歐神話人物，透過漫威電影，可能大家對於雷神索爾已經有了某種既定印象。雷神擁有強大的力量，當他舉起雷神之錘呼喚雷電時，自然界的力量為其所用。不過你是否注意到，雷神一定是站在風暴的中心點，由他來引動變化，而不是被雷電牽動。這有兩個層面，一是由自己內在引發的變革，將產生最大的力量。第二則是，當變革發生時，要穩定自己的核心，才不會被巨變擊潰。

但就像電影《雷神索爾》裡，當索爾處在自身的傲慢與我執中，他的魯莽同樣擁有強大的破壞力。如何駕馭這股強大的力量？風暴有個寧靜的中心，當你處在中心裡成為駕馭者，風暴會引領你掃除障礙，運用你的影響力前進到想去的地方；若不知道方向，分歧的力量則可能成為漫無目地的破壞。

7-1 藍風暴的印記組合

在風暴的過程裡，內在很可能會產生動搖：這個風暴會結束嗎？我能夠平安度過嗎？許多的內在懷疑會不斷冒出來。就像電影《明天過後》，再惡劣的風暴都有過去的時候，重要的是如何在這過程當中有智慧的穩定自己，並且保持正向信念——風暴之後，太陽終將會出現！所以黃太陽（右邊）（圖 7-1）是藍風暴的好同伴，也就是支持的力量。

風暴，就是有風有雨，藍風暴的挑戰／擴展力量是象徵淨化之水的紅月（左邊），推動的力量則是白風（下方）。在藍風暴的能量裡，雖然暴雨的強大淨化力（紅月）可能不好受，但白風會帶來聖靈的訊息指引你，黃太陽會把你曬得暖洋洋，不必擔心，你是備受照護的！

## 當生活中遇見風暴

一向行動敏捷相當健康的母親，在 2022 年 3 月之後開始出現身體不適的狀況。將近半年的時間裡做遍各種檢查，換了好幾個醫生，始終沒有查出原因，狀況時好時壞。在腸胃科與婦科會診後，由腸胃科醫師認定屬於一般外科，排定在中秋節過後開刀。

家中長輩一直以來還算健朗，每天早晚運動，飲食簡單清淡，大致說來沒什麼健康上的問題。但在疫情影響下，身體活動力大不如前。開刀的時間預定在中秋過後，母親在開刀前兩天已經先住院做必要的檢查，當時我們全都以為這只是個輕鬆的小刀，還安慰母親說就當睡一覺起來就好了。

2022 年 9 月 14 日五點左右醒來，腦中忽然意識到今天是月亮藍風暴的日子，而且竟然就是我最「怕」的白鏡波（圖 7-2）！我的挑戰／拓展是白鏡，所以只要遇到跟白鏡相關的日子與波符，內在就會更為覺察，也許會有些意想不到的事情發生。再加上這天的主印記是月亮藍風暴，挑戰／拓展的力量是紅月（流動、淨化），心中明白不管發生什麼事，今天一定要穩住自己的中心，安定在風暴之眼中。

母親是早上七點的第一枱刀，握著母親的手，感知到她的緊張，輕聲地告訴她「不要急，慢慢來」。陪著她到手術室門口，看著她瘦弱的背影慢慢消失，

7-2 白鏡波，kin 119，月亮的藍風暴
（資料來源：13:20:Sync）

內在不斷地祈禱送出祝福。手術開始後一個多小時，院方突然廣播要我們與醫師會談，原來手術開刀下去，才發現問題不是屬於一般外科而是婦科。當時的我們還不知道事情的嚴重性，只知道必須換科別換醫生開刀，也必須緊急簽各種同意書，雖然還不確定腫瘤的種類，但很有可能並非良性。我們在手術室外繼續等待著，看著螢幕上越來越多同批進去的人已經完成手術等待恢復中，但是母親的燈號還是一直維持著「手術中」。

手術室外面極冷，不難想像手術中的母親，躺在冰冷的手術枱上，正在跟死神搏鬥。一度我感知到母親的生命跡象有狀況，我能做的只能交託與信任，不斷地持咒祝福。進去了好幾批人，又出來了好幾批，但母親的燈號仍然維持在「手術中」。在手術進行七個小時後，母親的燈號終於轉為「恢復中」，又再經過將近兩個小時，才被告知可以回到病房。

當母親的病床被推出手術室時，看著母親緊閉雙眼不發一語，內心不禁揪得發痛。內在有好多的不捨與感恩，謝謝好友在遠距給予能量支持，謝謝家人們能夠相互依靠，謝謝醫院裡的醫護人員盡心盡力……一場病痛，讓人們有機會更深地進入內在。

將母親送回病房後，暫時鬆了一口氣。走到病房外，剛好看到夕陽西沉，突然發現，今天還沒機會看到外面的天空。而今日的星系印記組合，黃太陽正是支持的力量，即使只是短暫的一瞥，也讓我感受到太陽溫暖的支持。我也知道，隱藏推動的白風，帶來聖靈的力量，讓母親得以越過死亡關卡。之後即使還有許多的狀況要處理，但藍猴的引導告訴我，帶著輕盈的心，人間遊戲場的規則就是看清幻象直指真相！

13月亮共時曆就在我們的生活裡，即使遇到無可預期的風暴，曆法裡的智慧提醒我們要安住在中心裡。當心穩定了，外相的發生將隨著心境而轉，不管發生什麼風暴，只有歸於中心才能取回自身的力量。

## 閉黑關的強大洗禮

清邁閉黑關（2016.3.10 kin 81 電力紅龍〜 3.20 kin 91 宇宙藍
猴，藍風暴波）

　　源淼在《姥姥的靈悟天書》裡提到黑暗靜心，並說到古代
馬雅有些人之所以成聖，一出生就接受「黑」的訓練，一直到 9
歲或 13 歲，目的是強化其他感官，這樣的訓練可以讓人失去對
時空的感覺，而處於永恆的靜之中。在西藏與印度仍有許多閉
黑關的修行人，可見閉黑關是自古以來各靈修系統裡都有的修
行方式。

　　我曾去清邁參加長達十天的閉黑關斷食營，這次僻靜不只
是一個課程，更是一段生命的省思與跳躍。那幾年身體快速退
轉，尤其是嚴重的腸胃問題，讓我知道亟需改變。雖然對於閉
黑關可能會有的神奇經驗與開發靈通力有所期待，但最希望的
還是身體能快速修復。畢竟身體是靈魂的載具，當載具出了問
題，再多的神奇經驗也是枉然！

　　上課前幾個月，主辦方要求學員要開始自行練習斷食，但
因當時從沒斷食過，所以也不知如何進行，在沒做任何前行準
備下就這麼傻里傻氣的去了僻靜營。整個十天的閉關有供應果
汁，但沒有固體食物，在過程中，老師會帶領一些身體伸展、
靜心，有時候也會講課，全程都在完全不見光的黑暗裡。

　　同行的幾位朋友似乎都很順利，只有我在身體上出現狀況。
前三天因為內在的不放心，我照三餐喝果汁，到了第四天脹氣
的現象越來越嚴重，於是決定暫停喝果汁，並且詢問主辦老師
為何會有這樣的狀況，因為當時我已開始頭暈，而且肚子脹氣
到快爆炸！老師要我停止喝果汁，因為含有糖分造成胃部發炎，
然後要我大量喝水排出毒素。當天我不斷狂嘔，整晚不成眠，
由於早已斷食三天，其實胃中已無固體食物，吐出的全是極酸
的果汁與胃酸。每次掙扎奮戰吐完後，喉嚨食道就像被灼燒過

一樣疼痛，於是只好不斷咔痰，也辛苦我的室友，一整晚在我的嘔吐聲中肯定無法入眠。

接下來幾天狀況雖然稍有好轉，但仍然時不時就會嘔吐。我不停地跟身體說：「對不起，我愛你。」全心的告訴身體，我信任這個過程，請繼續加油喔！忘了是哪一天晚上，我全身乏力的將自己關在浴室中，就像電影《享受吧！一個人的旅行》中女主角在浴室中跟神哭求幫助，我也無助的跟大靈求助，我想起了祈禱的力量，不停地跟身體懺悔，這時我真正經驗了無助與臣服……在無盡的黑暗中，我所能做的就是信任身體的智慧，並且信任大靈的帶領。神奇的是，我真的憑著意志力撐完了十天！

猶記得出關的剎那，當眼睛再次見到光，真的覺得自己重生了！雖然一接觸光線隨即天旋地轉，幾乎踉蹌跌倒，但身體的感知力和以往完全不同，眼睛所見的世界，就像電視螢幕從模糊轉成超高畫質，鮮明的色彩與高解析度，強烈到令人不禁發出驚歎，原來我們的世界這麼美！

一般說來斷食後的修復非常重要，出關後量體重，我在十天裡瘦了六公斤，後來我花了很久的時間才慢慢恢復體力，但我最希望解決的消化問題不僅沒有改善，說不定還因為胃部發炎而狀況更不好……後來我才知道，斷食與閉黑關，不應該同時進行，除非已經是很進階的閉關者。因為斷食的時候，需要「食光」也就是太陽的能量，而不是處在黑暗中。

對我來說最重要的體會是：對身體懺悔，以及對一切的感謝。我的心一直處在感謝的狀態裡，內在有一種很深的寧靜，連頭腦也變得異常清晰。這次的僻靜，對同行朋友也許是奇幻的意識之旅，但對我來說，是身體給了我最寶貴的教導。直到這次為了寫書回看過往的經驗，才發現整個閉黑關的過程竟然剛好都在藍風暴波符裡，更深切的體會到，如果身處風暴卻不在自己中心時，會被風暴的威力掃除的多麼徹底！

奧修說：

「就像種子一樣在黑暗的土地中開始它的生命，或者像孩子一樣，是在黑暗的子宮中開始他的生命，一切開頭都是在黑暗中，因為黑暗是任何事物開始的最基本的東西之一……早晨會來臨，白天也會隨之而來，但是如果你害怕黑暗，那麼白天也永遠不會來；如果一個人想跳過黑暗，那麼白天也是不可能的，一個人必須通過靈魂的黑暗才能到達天亮，先是死的，然後是生。通常事情和順序是出生在先，那就是生命，但是在內在的世界中，在內在的旅途中，它正相反：死在先，然後是生。」

藍風暴的力量，是「置之死地而後生」。很多人在剛接觸曆法時，看到藍風暴圖騰都心中怕怕，因為改變意味著脫離舒適圈，許多原本習慣的人事物可能在這股能量的影響下遽然產生變化。把安全帶繫好吧！記得，在你的內在永遠有個寧靜的核心，不管風暴從何處襲來，請運用內在的強大力量，為你帶來重生的契機。

2.1 伊亞帕 Illapa

7-3 印加神諭卡〈伊亞帕石柱〉

### ☆ 從波符認識太陽圖騰

第 7 個波符：藍風暴波 kin 79 ～ 91（磁性藍風暴～宇宙藍猴）
太陽圖騰：藍風暴（圖騰序號 19）

　　馬雅人的卓爾金曆中，對應「藍風暴」圖騰的是 CAUAC（音：卡哇卡），意思是暴風雨、雷之存有、全然了悟之前的轉化。CAUAC 和印加古語 CAWAC 同音，而 CAWAC 代表的訊息是：「你與最高的意識是同等的，你所看見的，正在看著你。」

### ☆「愛的共時校準」練習

　　運用這張印加神諭卡「伊亞帕石柱」（圖 7-3），來「點化你自己」。

　　伊亞帕石柱，又稱為閃電石柱，位於秘魯安地斯山高地上的普卡拉，是高地區最古老的文化之一，位於的的喀喀湖的北邊。安地斯山高地區是南美洲最大的天然壇埕，從美國雪士達山一路延伸而來的地球靈線穿越此地，而普卡拉就在這條地球靈線的中間。

　　據說在安地斯山區，如果有人被雷電打到卻沒事，他就是所謂的「天選之人」，擁有特別能力成為部落裡的祭司。閃電指的是點化，其實每個人都已俱足這些能力，你不需要等待閃電。你唯一需要做的就是釋放抗拒，釋放阻礙的沉重能量。

　　閃電石柱記得你。你與內在世界以及上部世界相連結，但是只有在你覺察到自己所是之光，你才能將上部世界與內在世界，透過你所在的這個世界聯結起來。當你的內在世界更為清晰後，你開始去釐清你的歷史。而在上部世界，你能夠將你本然所是之光的祝福錨定下來。你已擁有你所需要的一切，你就是光，你只需要放下過去，面對你的恐懼。

**練習：**

注視石柱的圖騰一段時間，然後閉起眼睛。將注意力放在松果體的位置，觀想石柱的閃電圖騰與你的眉心相印，在這裡靜心一會兒。可以再次張開眼睛，專注的看著圖騰，然後再閉上眼睛靜心。

如果有任何你想要釋放的恐懼，請把它帶入靜心之中。

觀想石柱的閃電圖騰，從天而降，將恐懼劈成兩半，送到宇宙回收。感受內在從負向的恐懼轉為正向揚升的活力與喜悅，充滿你的全身。

當你覺得自己重新充滿能量，請在心中感謝風暴雷電給予你力量，然後張開眼睛，回到當下。

# 8. 自由：業力與自由意志 ——黃人波

太陽圖騰：黃人（第 8 個波符，圖騰序號 12）
關鍵字：自由意志、影響、智慧

> 「活在真相裡，真相能讓你自由。」
> ——《新約聖經》

在我們從小到大的成長過程裡，自由與紀律，常是相互衝突的準則。在華人社會裡，父母師長多以威權或外在的限制，要孩子們乖巧聽話，認為只要有紀律就是有教養，如果給予太多自由，孩子就比較可能出現偏差行為。隨著集體意識越趨敞開與多元，不由分說的高壓紀律早已過時，取而代之的是更多的自由與理解。

自由是成長的養分，也是生命裡必要的元素。如果你有權利選擇，你會選擇什麼？每個選擇都有其原因，我們在生命的旅程中不斷地做選擇，透過在每個生命交叉路口的決定，我們形塑了自己。

有不少電影都在描述人們被剝奪自由，與極權統治階層抗爭的故事，像是《飢餓遊戲》系列電影，女主角凱妮絲就是一個充滿黃人精神的角色。她獨立自主、很有自己的想法，違抗威權與規定，甚至創造了自己的遊戲規則。黃人圖騰的特質——自由意志、影響力與智慧——在凱妮絲的身上都可以看到。

有權利選擇，以及有能力選擇，兩者缺一不可。我遇過幾個主印記是黃人的朋友，就像飢餓遊戲的女主角一樣，她們通常特立獨行，生命經歷過不少波折，不循著他人眼中的期待發

展，而是以自己的方式走出生命的道路，也是因為這樣不同一般的生命歷程，他們的內在有著強大的力量。對黃人來說，自由與空間是生命所需的本質，而意志力是支持自己往前走的動力。黃人轉化的關鍵，在於關注的焦點從「我」變成「我們」，也就是從「以利己為中心」，提升為「從慈心出發的利他」。

## 自由意志 Vs. 業力

如果有前世今生、有業力的存在，那麼人們還有自由意志嗎？

我的第一本書《一個人的聖境之旅》，講述自己如何從舒適圈跳入未知尋找自我的旅程。長達數年的一個人的旅程，在 2012 年有了巨大的轉變。對許多人來說，2012 都是個很特別的一年，而我則在 2012 年的馬雅之地，遇見了生命中最大的挑戰／禮物，也就是我的雙生火焰。許多人對雙生火焰（靈魂雙胞胎）有許多綺麗的幻想，早期西方有些高靈傳訊，將雙生火焰描述成具有不可思議的致命吸引力，好似乾柴烈火一發不可收拾；也有人說自己遇到了雙生火焰，好似黃袍加身，表示自己在地球是最後一世，所以修行層級很高很厲害，已經準備要從地球畢業；還有些人覺得遇到雙生火焰是靈魂最終的歸宿，以為只要遇到了自己的雙生火焰，生命終將圓滿，一切問題都將迎刃而解……

事實上，在遇到和自己如此相似卻又迥異的靈魂雙胞胎時，有許多課題就像照鏡子般清晰雪亮無處可避。如果彼此都還有未解的議題，雙生火焰的出現，是讓你加速面對早已存在的問題。雙生火焰並不是童話故事裡快樂結局的保證，相反的，這代表著雙方都要有強大的意願與動力，去面對自己生命中早已存在的課題。靈魂雙胞胎不見得一定是伴侶關係，他們通常有累世的關係，可能是親子、朋友、伴侶、家人、師徒……2012之後，有越來越多人遇到了自己的雙生火焰，也許這是宇宙送給人們的禮物，藉由雙生火焰的業力引動，讓當事者不得不全

然面對自己，突破原本的框架。也唯有將這些沿襲已久的習性剷除，才有可能真正揚升。

「雙生火焰是男性自我與女性自我的整合，以及自我一切作為的圓通。」

「要尋求雙生火焰伴侶，不是朝自我之外尋求——你們要尋求的是內在男性與女型特質的圓融整合，兩者要完整合一。」

——《黎明行者——來自光之家族昂宿星人的智慧教導》，芭芭拉・馬西妮雅克

也許有人會說靈魂雙胞胎的說法毫無根據，但我有個相當有趣的發現。荷西博士在《馬雅元素》一書中說，銀河中心胡納庫就像是風暴的中心眼，從中心以某種特定的頻率，同時輻射出正轉與逆轉的能量。觀察胡納庫的圖形，中心類似太極的圖騰，陰中有陽，陽中有陰，這兩股相異又互補的能量，創化出千變萬化的世界。

高靈克里昂訊息《DNA靈性十二揭祕》也說：「在你們星系的中央，存在著像是雙胞胎的事物，它們推拉著跨次元能量，而那些能量具有互補的智慧……將整個星系黏合在一起的就是跨次元性……」也許有一天，未來的科學研究能夠證明銀河中心確實有著雙胞胎能量，而許多無法解釋的玄祕神話與傳說，會開始得到科學的佐證。

不管是不是雙生火焰，生命中的關係通常與業力有關。薩古魯在《薩古魯談業力》一書裡，對業力有相當生動精闢的解說。他說業與獎懲沒有關係，業僅僅是我們一手創造了自己的人生藍圖，我們是自己命運的創造者。當我們說「這是我的業」時，其實是在說「我要對自己的人生負責」。業要講的是，如何利用業讓你成為自己的創造源頭。如果發生的一切都是老天或是別人所致，那麼我們永遠學不會對自己的人生負責，也永遠無法學習成長。業的本質並不是個無奈的循環，「業不是某

個罪與罰的外在系統，而是由你所產生的一個內在循環。這些模式不是從外在壓迫你，而是從你的內在。」

## 跳脫框架

想到「黃人」，就會想到自由。而自由意志，是自由的具體表現。但什麼是自由意志呢？我們所認知的自由意志，真的是全然的自由嗎？是否有可能，我們所以為的自由，並不是真的自由？

克里昂第十三冊《人類進化的重新校準》中說：「對人類來說，自由意志是指能憑一己之意，選擇自己想要的事物。但其實自由意志完全不是那樣，因為你只能選擇自己想得到、或自己『認為』可以改變的事物，無法選擇那些對你來說看似不能選擇的事物。」例如在迷宮裡的老鼠，以為自己有自由意志可以選擇走想要的任何方向，但老鼠從來沒想到可以把迷宮拆掉，讓自己不用在迷宮裡找路，因為在他的意識裡沒有「拆掉迷宮」這個選項，自然就不可能做出這樣的選擇。

人類也是如此。「人類活在特定的次元觀點之中，幾乎就像是活在黑與白之中，而不是彩色。」在一個黑白世界裡，人類以自由意志做出非黑即白的選擇，但這些選項中沒有色彩，因為人類根本就不知道有色彩的存在。色彩是比喻超越三次元的多次元實相，即使人類擁有自由意志，也無從設想自己無法想到的事物。如同克里昂一再告知我們的：「你不會知道你所不知道的事！」

在電影《同一場域》裡的最後，克里昂說：「色彩將要來臨！」「人類本性正開始進入色彩的境界，不再只是黑白的境界。」

有個朋友告訴我，當她看到電影裡的這句話時，頓時感動到熱淚盈眶，因為她感受到那充滿色彩的多次元實相即將來到。克里昂說，創造源頭的屬性是恆常的，沒有開始或結束（實相

是圓而非線性），而時間這個屬性，是為了具有肉體、必須在四次元生活的人類所設置。但是多次元狀態所發生的一切，都仰賴超越時間與空間的意識，當我們願意以慈心對待他人，願意創造內心的平安，整體人類就有比較開明的意識與智慧，許多看似無解問題的解方就會出現。

多次元實相是一種「可能性」，沒有確切發生的時間表，但克里昂說過 2012 年之後的 18 年是關鍵時點，而我們每個人都可以為顯化美好未來盡一份心力。學習 13 月亮共時曆，就是將自己的頻率與銀河源頭校準，跳脫三次元的框架，開始探索多次元的可能性，帶著我們走向真正的自由。

## 「黃人」就是我們每一個人

卓爾金曆的 20 個太陽圖騰中，黃人圖騰代表我們每一個「人」，在來到地球的旅程中，想要去經歷與完成某個目的。

人與其他動物最大的不同，在於我們有複雜的心智，透過知識與能力去影響與改變世界。因此黃人除了大腦的智性發展，還需要雙手的實踐推動，才能完成落實，因此藍手（右邊）（圖8-1）就是黃人的好同伴，也就是支持的力量。空有想法卻無法宣揚，那麼想法永遠只會在腦子裡而無法推廣，只能孤芳自賞或獨斷獨行，但眾人之力才能滾動巨大的改變，所以溝通的白風（左邊）就是黃人的挑戰／擴展。大腦發達的黃人，可能會過於理性而忘了與感性連結。心腦合一，感受自己與他人的情緒，讓紅月（下方）的陰性能量自然流動，更能順利推展往前行！

8-1 黃人的印記組合

☆ 從波符認識太陽圖騰

第 8 個波符：黃人波 kin 92 ～ 104（磁性黃人～宇宙黃種子）
太陽圖騰：黃人（圖騰序號 12）

馬雅的卓爾金曆，對應黃人圖騰的是 EB，而在《古馬雅曆法大解密》書中，馬雅老師米格爾對 EB 這個圖騰的解釋是階梯、靈性修行的道路。關於 EB 這個圖騰，我有個和米格爾有關的個人故事：

　　第一次馬雅之旅時，馬雅祭司米格爾帶領我們靜心，隨著薩滿鼓聲，我看見自己化身成黑豹，循著奇琴伊查金字塔的階梯往上爬。沒想到多年後在上古馬雅曆法時，我竟然找到了當時這個畫面的意義。

　　課程的最後一天，米格爾老師要我們抽牌，這是從馬德里手抄本上複印下來的馬雅圖騰。抽牌後先不看牌卡，直接將牌放在第三眼與心的位置，牌會給予我們個人訊息。在接收訊息的過程中，我不斷看到一個圖騰，當時心裡還小小聲地說，什麼時候我第三眼這麼厲害，竟然可以看到背面的圖騰……

　　靜心結束後，米格爾老師分享了他所接收到的訊息。他說他看到有兩個宮殿，一個在這裡，一個在山上，然後有個道路連接兩者，沿路有馬雅的長老們在旁邊。然後他看到我很開心的手舞足蹈帶頭走上階梯，前往山上的宮殿。當他揭曉他所抽到的牌卡時，我簡直驚訝到說不出話來，竟然就是我在靜心時一直看到的圖騰！

　　當我翻開自己的圖騰時，原來是代表階梯的圖騰 EB，而其中的含意是「climb up to God. I am EB. I will find you at the top of pyramid」（往上爬，來到神的面前。我是 EB。我會在金字塔的頂端找到你）！

　　EB 這個圖騰代表的是神聖的道路，也就是階梯的含義，在 13 月亮曆裡是「黃人」。我在第一次馬雅之旅靜心時看到的畫面，數年後再次給予我確認：我走在通往神性的道路上，

8-2 印加神諭卡〈蝴蝶〉

5.6 蝴蝶 Butterfly

一階階的往上爬，通過一個個的考驗，為了與神在金字塔頂相遇。奇琴伊查的羽蛇神金字塔是馬雅曆法的具體顯現，也就是說，透過曆法，我走在神聖的道路上，在金字塔頂與神相遇！

這個集體靜心讓我明白，當一群人有共享的願景時，大家的「夢境」是可以相互支持連結的，這也正是許多原住民傳統中的「織夢」。群體中的每個人在同一場域中擁有共同的願景，一起編織未來之夢，在物質實相裡顯化。我相信這也是推廣 13 月亮共時曆的目的之一，當越來越多人一起走在與神性相遇的靈性道路上，我們將支持彼此完成共同的夢想！

### ☆「愛的共時校準」練習

印加神諭卡共有七個主題，其中一個主題是力量動物，而蝴蝶是力量動物之一（圖 8-2）。

**蝴蝶象徵轉化與蛻變，在當地有個很美的故事……**

在的的喀喀湖邊的阿拉姆穆魯星際之門附近有塊岩石，我們稱之為毛毛蟲石。在毛毛蟲的世界裡有個傳說，有個神祕的地方，保存著所有毛毛蟲們一生中都在尋找的智慧、力量與愛。有個年輕的毛毛蟲很想去那裡，他到處邀請親戚朋友同行，但是沒有人想去，最後他決定自己去探險。在路上他遇到了其他也想去那裡的毛毛蟲，於是他們一起走到這個神祕的地方。最後當他們終於到達了那裡，卻看到一座堆滿毛毛蟲的山：每個毛毛蟲都想爬到山頂，而那些沒有成功已經死掉的毛毛蟲們，一個個堆疊上去形成了一座小山。

他們很努力地相互推擠著想要到達頂端，但是等到踏上山頂，卻發現那裡什麼也沒有。失望之餘，這個年輕的毛毛蟲決定要回家。在回家的路途上，他感覺到有個東西一直在看著他，他四處張望卻找不到是誰，直到有個聲音在天空中呼喚著他的名字，毛毛蟲說：「你是誰？我覺得你好熟悉！」這個聲音說：

「我是你從小到大的好朋友啊！你知道你一直往外尋找的東西其實就在這裡，就在你的裡面！」原來是一隻**蝴蝶**，在天空中親切的和他說話！她教他如何進入蛹裡，然後開始了蛹化成蝶的轉化過程……現在在那個山頂上，有三顆大石頭形成了蝴蝶的樣子。

〔關鍵訊息〕這和你要去哪裡無關，你所尋找的一切就在你裡面；所有的旅程不是為了尋找，而是為了讓你看見自己的力量。

## 9. 身體：開啟生命原動力
### ——紅蛇波

 太陽圖騰：紅蛇（第 9 個波符，圖騰序號 5）
關鍵字：生命力、生存、本能

大部分人對於自己的身體，其實是陌生的。

我們不知道身體怎麼運作，但它會自己呼吸、循環、做大腦命令的動作，身體好像有自己的生命，而我們習慣以大腦為主宰去思考運作，把身體當作工具來對待。在主流西方醫學的觀念下，我們把身體視為機器，忽略了身體的智慧與整體性，哪裡不舒服就把零件換掉、長了不該有的東西就切除，也許身體暫且乖乖聽話了，但過一段時間後，又會開始出狀況。身體一直在發送訊號給我們，但很多時候我們不是選擇忽略、就是無法理解，直到累積成為疾病，我們才願意正視身體的警訊。

每個人一生中要面對的生老病死，除了生死是一瞬間，老與病通常是一段過程。雖然大家都知道身心靈是一體的，但是大部分人在面對身體的問題時，還是從物質層面去處理，忽略了情緒、心理與靈性層面的影響。年輕的時候，身體是青春活力的象徵，如何展現流行時尚、吸引他人眼球，是大腦在乎的事。等到年紀漸長，如何討好他人也許不再是重點，如何讓身體保持活力與健康、優雅老去，成為越來越受關注的焦點。

如何與身體溝通，覺察身體給出的訊息，是每個人都該學習的必修課。

## 學習與身體連結

紅蛇，是個非常落地的圖騰。在美洲原住民的力量動物裡，蛇是下部世界（或內在世界）的象徵，與地球母親的力量緊密相連。

印度靈性導師薩古魯說，他很受到蛇的吸引，不僅不厭惡，還感覺很親切。在印度，瑜伽士和蛇一直很有連結，蛇是一種感知力很強的生物，本能地會被更高的能量吸引，如果看過濕婆神的傳統肖像，會注意到祂的脖子上環繞著一條蛇。在《薩古魯談業力》一書中說到，由於瑜伽士一直渴望增強自己的感知能力，因此蛇在瑜伽傳統中就有了一個特別重要的地位。眼鏡蛇被尊奉為唯一能夠感知到精微以太維度的生物，而蛇也與亢達里尼能量有關。亢達里尼是盤蜷在人體脊椎底部的能量，而瑜伽有意識的駕馭這股能量來提升靈性發展。也因此，紅蛇圖騰也象徵著第一脈輪（海底輪）的能量，第一脈輪是身體的原始力量，以及生存本能。

在 2012 之後好些年，我開始感覺到自己的健康狀況逐漸衰退。一方面可能是年紀增長身體機能開始退化，再者頻繁地旅行與工作，常常每帶完一次聖地之旅，就覺得被掏空般需要休息許久。但其實最重要的，是那幾年情緒時常有很大的擾動，長期處於壓力之下，再加上沒有運動習慣，開始感覺到若再不尋求解方，身體可能會出大問題。

就在一次出國長途旅行、回來咳嗽又超過一個月之後，我終於遇到合適的瑜伽教室，重拾瑜伽練習。僵硬的身軀開始慢慢舒展，隨著身體的柔軟，情緒也開始流動。

數個月後我又加入健身房，增加心肺與肌力的訓練。後來疫情開始蔓延，因緣際會開始天愛氣功的線上學習，從五臟功開始，到接收信息辟穀，我才漸漸知道如何有效地與身體對話，學習去傾聽身體的聲音。從信息辟穀開始，因為飲食很自然地越來越清淨，更能覺察身體、情緒與靈性的緊密相繫。少食與

蔬食不僅減少身體負擔，物質欲望降低，心念的執著也漸漸剝落。

就像我們需要多樣性的食物來攝取營養，身體的鍛鍊也是如此。每一種練習都會運用到身體的某些部分，比方說瑜伽著重柔軟度、重訓著重肌力，而氣功則是更深入地將能量輸送至身體內部的系統。不管是哪種鍛鍊，都要記得把意識帶入練習之中，因為「意識在哪裡，能量就在哪裡」，而萬事萬物皆是能量。若能夠把意識與練習結合，對身體的感知會越來越敏銳，效果也會比只是無意識地做出動作來得好。

身體並不是用大腦可以了解的「語言」來跟我們溝通，而是透過各種身體狀況和我們對話。《創造生命的奇蹟》作者露意絲·賀說，疾病（disease）其實是身體的不適（dis-ease）。疾病是身體試圖與我們溝通的方式之一，透過「不適」讓我們知道，身體系統有些地方出狀況了。如同我們在跟動物或嬰兒溝通時，除了語言之外，心念、感受與能量的傳達更為重要。日本潛意識專家藤堂博美在其著作《與身體對話，就是與神對話》中說，身體器官除了物質層面的功能外，其實每個器官都有自己的意識與能量體。傾聽器官的聲音，不但能預防疾病發生，還能將潛藏於體內真正的聲音及潛在能力發揮出來。

當我們與身體對話時，其實是將信息傳遞給細胞裡的DNA。科學界已證明，以往被認為沒有用途的「垃圾DNA」，其實攜帶著信息，這些看不到的DNA指令集藏有「時間膠囊」，人類意識會觸發它們，在對的時間點釋放出信息，而這需要與地球的蓋亞意識一起運作，「當人類改變個人意識與意願、開始變得更具慈心時，蓋亞就會改變。」*克里昂說：「人類的藍圖，也就是DNA，設計的目的是與蓋亞一起運作，而蓋亞的設計目的就是回應人類意識。」兩者之間是一種同盟關係。DNA的雙螺旋形狀，不就像是兩條蛇的交錯律動嗎？

---

\* 引自克里昂第十四冊《新人類》。

紅蛇圖騰教導我們探索身體的奧祕，學習與身體對話，並信任身體的直覺與帶領。

## 墨西哥國徽上的鷹與蛇

墨西哥南部的猶加敦半島，是許多馬雅遺址的所在地，不知大家是否注意過墨西哥國旗正中央的圖案，上方就有老鷹和蛇？（圖9-1）

有趣的是，紅蛇的挑戰／拓展就是藍鷹（左邊）（圖9-2）。蛇是很有領域性的動物，喜歡待在自己的舒適圈裡。而藍鷹飛在空中，擁有與地面截然不同的視野，紅蛇在藍鷹的挑戰下不斷拓展自己，最後成為羽蛇神、成為龍。馬雅人所崇敬的羽蛇神，就是「有羽毛的大蛇」，也象徵發光的龍。關於羽蛇神的意涵，請參照〈1. 起源：我從哪裡來？──紅龍波〉。

紅蛇與海底輪有關，若海底輪的能量不平衡，比方說缺乏安全感、或者耽溺上癮，白巫師（右邊）的支持力量可以協助紅蛇閉上眼睛往內看，而不是一直往外尋求。紅蛇對於生存的議題特別敏感，也習慣於自己固有的舒適圈，所以若有黃戰士（下方）這個隱藏推動的力量，無懼的推一把，更可以把紅蛇的潛力發揮出來。

### ☆ 從波符認識太陽圖騰

第 9 個波符：紅蛇波 kin 105 ～ 117（磁性紅蛇～宇宙紅地球）
太陽圖騰：紅蛇（圖騰序號5）

馬雅的卓爾金曆中，對應紅蛇圖騰的是 CHICCHAN，意思是巨蟒、神經系統、爬蟲類腦。《古馬雅曆法大解密》作者米格爾在書中說，卓爾金曆第一日的坎（KAN），意思是巨蛇、羽蛇神庫庫爾坎、亢達里尼……等，而第二日的奇克洽安（CHICCHAN），則是小蛇。荷西博士對這兩個圖騰的詮釋則

9-1 墨西哥國旗上有老鷹和蛇的圖案

9-2 紅蛇的印記組合

與米格爾不太相同，他說 KAN 是種子（圖騰序號 4），CHIC-CHAN 是巨蛇（圖騰序號 5）。

我們在學習 13 月亮共時曆時，要清楚地知道這套曆法有部分取自馬雅曆法的卓爾金曆，但 13 月亮曆並不是馬雅人所使用的曆法，尤其到了馬雅之地會發現，當地人慣用的圖騰，可能和你所熟知的印記有點像又不是太像，意義好像也差異很大，這是因為兩者並不相同。

我在 2011 年第一次去墨西哥時，帶回了一本當地隨處可見的馬雅曆小手冊，是由墨西哥國立人類學與歷史學會（INAH, Instituto Nacional de Antropología e Historia） 連同考古學家所編纂，裡面簡要說明了馬雅曆的系統、相關遺址以及馬雅預言。在小冊子中，卓爾金曆被稱為「儀式曆」或「神聖年曆」（sacred almanac），而卓爾金曆 260 天的表格，與荷西博士的版本相同，同樣是從 IMIX（紅龍，圖騰序號 1）開始，而不是 KAN（黃種子，圖騰序號 4）。而米格爾教導的古馬雅曆，KAN 則是卓爾金曆的第一個圖騰。

在我看來，同樣的東西卻有不同的解釋，原因可能在於原始的文本已經消失。西班牙人征服馬雅後，天主教會的教士迪亞哥‧德‧蘭達，是第一個被教廷派到猶加敦半島的傳教士。他無情地摧毀馬雅固有的文化與信仰，大量文字記載的馬雅手抄本幾乎全被燒毀，甚至將馬雅祭司酷刑處死，對出現於各處的馬雅文字大加毀壞，馬雅文字的識讀技能也就此失傳。現今馬雅手抄本只剩下三冊，分別為馬德里手抄本、德勒斯登手抄本和巴黎手抄本。然而，他也是西方世界研究馬雅文明的第一人，他的著作對於解碼馬雅文字與文明有相當大的幫助，後人依據他的著作才知道如何解譯馬雅文字。有趣的是，他摧毀了馬雅文獻但自己又寫了一本著作，裡面內容有多少是忠於原始資料？也許真的無可考。那麼考古學家所說是否一定為真？也有可能在未來會有更多的資訊出現，抱持著開放的心與思辨的頭腦繼續探索，才不會被偏見蒙蔽真相。

## ☆「愛的共時校準」練習

### 1. 印加神諭卡——力量動物「蛇」

對美洲的原住民來說，蛇是非常重要的力量動物，台灣的原住民也崇敬蛇。蛇代表地下世界，也是內在世界（圖9-3）。

你永遠不會看到年老的蛇，因為它們會不停的蛻皮。有個來自叢林的傳說，很久以前有兩條巨蛇——雅庫媽媽與沙恰媽媽，為了要釋放所有沉重的能量，透過地球母親來接收並且轉化。透過與水（情緒體）合作的方式，將所有我們想要釋放的一切給予地球母親。

雅庫媽媽運用這個方式，將沉重的能量給予地球母親，突然之間她用蛇尾巴撐住身體站了起來，越站越高，變成一條巨蟒，她的身體彎成了弧形，像是一座拱橋。每個人都看見了，他們說：「雅庫媽媽有七個顏色！」每個人都看見了彩虹。這就是彩虹起源的傳說。

9-3 印加神諭卡〈蛇〉

5.1 蛇 Snake

莎恰媽媽也用同樣的方式釋放沉重的能量給地球母親，她也開始站了起來。不同的是，她試著以之字形的方式站起來，但是她實在太巨大了，所以每個人都看見了她。於是人們看到了閃電，這就是閃電的由來。

這個傳說告訴我們，當我們將內在世界的沉重能量釋放給地球母親之後，如同大蛇所代表的，我們變成了光，因為我們每個人都是彩虹，都是光之子。閃電把光帶到這三個世界，連結了上部世界，這個世界以及內在世界。

蛇知曉改變的祕密，知道如何轉化釋放痛苦、悲傷、憤怒……等所有沉重的能量。當這些被釋放後，就打開了無盡的智慧之泉。

〔關鍵訊息〕讓內在智慧開花。

蛇提醒我們蛻皮更新的力量，不僅身體可以回春，在靈性上也能不斷蛻變，透過一次次的更新，讓內在智慧開花。

### 2. 自然元素隨時充能法

如果生活在都市裡，要如何與大自然連結呢？

自然元素無處不在，最重要的是你的意念。即使生活在繁忙的大都市裡，仍然有機會遇見行道樹、草地，抬頭望向天空，也有機會看見太陽、月亮，只要你願意花一點點時間，甚至幾秒鐘，都可以立即充能。以下是幾個例子：

＊如果你剛好看到落日（日出亦可），那麼請凝視落日幾秒鐘，並且將注意力放在眉心的位置。你將會感受到從太陽而來的金色能量從眉心傳輸至全身，感受這金色之光進入身體的每個細胞裡。如果時間允許，可以持續幾分鐘，但即使只是一、二十秒的時間，太陽的能量仍然可以讓你瞬間充能。

＊如果看不到太陽，也可以在休息時間做短暫的觀想：雙腳打開與肩同寬，雙手自然放在身側。慢慢將雙手從兩側緩緩拉升至前額上方，觀想雙手捧著金色的太陽，將太陽從眉心輪注入身體裡，雙手則順著身體前方幾公分的氣場一路慢慢往下，同時想像金色的光跟著雙手進入身體的每一個細胞，感覺到自己全身都充滿了金光。也可以想像自己是一棵樹，當雙手捧著金色太陽光傳輸至全身時，全身都充滿金光，一路往下延伸到你的雙腳，深深扎根。金色光網還可以透過樹木的根，將能量與祝福傳送至附近的區域……重複這個動作，配合呼吸，將金色光吸入身體。

＊在上下班或午休時，走在路上或社區的小公園裡，觸摸或感受這些和你一樣生活在都市裡的樹與植物。它們是都市裡

的綠肺，吸收廢氣吐出氧氣。將手隔著幾公分的距離去「接觸」樹幹的氣場，有些人會感覺手心或指尖有種酥麻的感受。你也可以對著樹說：「謝謝你、我愛你」，或只是讓自己靜靜地和樹在一起。也可以讓自己的手心對著這些都市裡常見的植物「採氣」，將植物鮮活的能量帶入身體裡。

　　隨時隨地，即使只是地球母親的一個小片段，我們都可以和她連結。關鍵是打開自己的意識與意願，感受合一的整體性。

# 10. 反射：外境即是內鏡
## ——白鏡波

太陽圖騰：白鏡（第 10 個波符，圖騰序號 18）
關鍵字：無窮無盡、反射映照、秩序

## 宇宙是一面大鏡子

白鏡圖騰，就像是卓爾金曆／和諧矩陣上下左右鏡射的樣子，充滿著秩序與對稱之美，也蘊含著多重的意義。

鏡子是中性的，看似虛幻的鏡像卻能如實映照出本體的真相。禪宗有個著名的故事，五祖弘忍年紀已大，想傳衣鉢給大弟子神秀，便讓他作偈來考查他對教義的禪悟。神秀寫道「身似菩提樹，心如明鏡台，時時勤拂拭，莫使惹塵埃」。後來，寺廟裡一個不識字做粗工的小和尚惠能，脫口而出說：「菩提本無樹，明鏡亦非台，本來無一物，何處惹塵埃？」

白鏡告訴我們，在往內行走的道路上，從需要「時時勤拂拭」，維持內在鏡面的光潔，到後來明白，連用來映照投射的鏡子本身也是幻象，只有本質的「在」，才是真實。

## 一切都在神聖秩序中

每個人從不同的觀點去感知世界，每個人都有自己的生命秩序，而所有的生命秩序，都被包含在宇宙的秩序裡。也就是說，你眼中的混亂，也許是他人的秩序，而即使是混亂本身，也是一種「秩序」。當你能夠看見一切都在神聖秩序裡，你的心就會越來越寬廣，接受這個世界的多元與變化。

清楚地知道你所認知的世界不是全部，那些看得見與看不

見的一切，有著神聖的秩序在運作著。若感知不到，並不代表不存在。真理，存在於廣袤無垠的浩瀚，也在腳邊的一粒塵土。

從不同的角度，會看到不一樣的「實相」。就像人在地表看到的世界，和螞蟻看到的世界，以及飛鳥看到的世界，肯定不一樣。但是你能說，螞蟻的世界是錯誤的嗎？也許飛鳥會告訴你，雲層上方陽光燦燦，但你所在之處正下著大雨。明明是在同個「世界」，卻有著不一樣的看見與體會。

你的真實是什麼呢？當你的真實和他人不同時，你能接納差異嗎？

我的主印記是黃星星，挑戰／拓展就是白鏡（圖10-1），因此我對白鏡特別有感覺。這面照妖鏡就像是我的冤家，總是把我未曾看見的面向照得一清二楚。對我來說，黃星星與白鏡的圖騰看起來相當類似卻不相同：同樣都是把畫面均分為四等份、以各自的方式展現均衡與對稱。對黃星星來說，世界是由圓點與弧線組成，但是對白鏡而言，世界是階梯狀、是直線與橫線的組合。我逐漸體會到，這兩個圖騰原來是以各自的方式詮釋同一個世界，白鏡看到的世界與黃星星眼中的世界，是相當不同的。兩者雖然同在一個世界，看到的觀點卻大不相同。

身為黃星星，透過白鏡，我開始拓展了視野。我逐漸明白沒有什麼是「一定、應該、本來就這樣」，這個世界可以持續演進，就是因為有不同的觀點與可能性，才能產生多元的變化與組合。而所有的一切，也全都在神聖秩序裡，這是白鏡與黃星星帶給彼此的禮物（這兩個印記互為挑戰／拓展）。

10-1 白鏡的印記組合

## 電影中的鏡子

在很多科幻電影裡面，鏡子都是重要元素，常常象徵的是心念、幻相與實相，或反射出內在的真實。

比方說在電影《奇異博士》裡，奇異博士的師父古一，在

奇異博士去卡瑪泰姬希望能拜入門下時，創造出了鏡像次元，教導他多元世界的可能性。在鏡像次元裡，可以隨意扭曲折疊如真似幻，所思所想會立即改變實相，只要一動念，就顯化成真。

而在電影《駭客任務：復活》裡，穿梭真實與機器人世界的方式，不再是打電話，而是透過鏡子。二十年前的駭客任務是打電話以音頻傳輸，科技進步使得傳輸方式也跟著進步，直接透過鏡子就可以傳輸過去。在這裡，虛幻與真實就在鏡子的兩邊，意味著選擇活在虛幻或真實，就在一念之間。

在《哈利波特──神祕的魔法石》中，也有一面很重要的鏡子──意若思鏡（The Mirror of Erised）。魔鏡的名字「Erised」，是英文單詞「Desire」的反向拼寫，意為「渴望」，如同鏡射一樣。鏡子頂部刻着一行銘文：「Erised stra ehru oyt ube cafru oyt on wohsi」，以平常從左到右的方式看這行文字會毫無頭緒，但如果倒着從右到左，真正的意思就會出現，也就是「I show not your face but your heart's desire」，意為「我展現的不是你的面貌，而是你真心的渴望」。還記得白雪公主的後母，詢問著魔鏡誰是世界上最美的人？魔鏡總是誠實的回答。鏡子忠實地呈現了我們的樣貌：當我們看見鏡中的自己臉上有了髒污，你是去擦鏡子、還是擦自己的臉？外在人事物的發生就是鏡子，照見你的內在真實。你是去修正外在的一切，還是內在的你？

## 照見內在真實的白鏡波聖地之旅

白鏡波與接續的藍猴波，是位在卓爾金曆宇宙中柱的波符，能量特別強大。身為黃星星，生命中最挑戰的時刻常常跟白鏡有關。有兩次白鏡波，我都正好在南美的聖地之旅。

### 1. 秘魯死藤水儀式

（2017.9.26 kin 126 太陽的白世界橋，白鏡波）

2012 年參與秘魯聖地的國際團時，第一次聽說死藤水儀式，同團有不少外國靈修者對死藤水躍躍欲試，也讓我更想了解這個神祕儀式。後來才知道致幻的藥草儀式有很多種，像是神奇蘑菇、仙人掌⋯⋯等，每種植物的能量與作用都不同。後來陸續聽到不少在儀式中發生的各種狀況與後遺症，我在心中默默決定，除非遇到自己信任的帶領者，否則不輕易做這類型的儀式。畢竟這是非常深入而且能夠改變意識狀態的過程，大腦在儀式中將會進入到非常態，能夠感覺安全並且全然的交託是很重要的一件事。

由於對死藤水儀式有興趣的人越來越多，於是我特別在秘魯之旅裡安排最適合的薩滿來帶領。在死藤水儀式之前，為了讓大家安心進入儀式，來自亞馬遜部落的薩滿透過靈視告訴大家有多少人會進入什麼狀況，並且要我們放輕鬆、信任整個儀式的帶領，跟隨著植物靈與依卡羅（ICAROS）的歌聲，就可以經驗到專屬於你的過程。

在儀式開始前，薩滿邀請我們定下內在的意圖，也就是希望植物靈可以協助解答的問題。每個人的經驗都不一樣，我在過程中*，失去了時間空間的參考點，感官覺知的一切被無限放大。在清理與狂躁的瀕死階段過去後，我無力地躺著陷入沉沉的靜默裡，跟著女薩滿的吟唱，進入一個又一個的幻境。

不知過了多久，吟唱停了，我知道儀式即將結束，原來四個小時已經過去。蹣跚的回到房間後，本以為過程已經停止，沒想到另一個階段才正要開始。植物靈繼續回答我的問題，但是祂不是用說的，而是讓我自己去經驗。這段在自己房間裡的內在過程，讓我真切的知道「愛」是什麼——那出自靈魂深處的愛，讓我錐心痛哭，為著那內在好深的愧疚與感謝，我明白「愛」不是指世間的情愛，而是來自宇宙的靈魂之愛，它未曾離開也不曾消失，只是等待著被重新看見⋯⋯

---

*請參閱〈6. 連結：從此岸到彼岸——白世界橋波〉。

死藤水儀式這天的印記，是 kin 126 太陽的白世界橋（白鏡波），引導的力量是白風（聖靈）。白世界橋連接生與死的兩端，讓我直接去感受來自宇宙的靈魂之愛。而這天的震撼經驗，原來是為了讓我明白愛的真義，要我準備好去面對幾天後更大的挑戰。回頭來看我才明白，原來這趟旅程要完成的是 kin 130 宇宙白狗（白鏡波的最後一天），結束白鏡波的照見真實，在愛中（宇宙白狗）進入到下個波符藍猴波。

### 2. 玻利維亞的天空之鏡

2017.9.29　kin 129 水晶紅月
2017.9.30　kin 130 宇宙白狗（白鏡波最後一天）
2017.10.1　kin 131 磁性藍猴（藍猴波第一天）

死藤水儀式之後，旅程繼續推進，最後來到了玻利維亞。與秘魯相較，玻利維亞是共產國家，雖擁有大量資源，但觀光發展不如秘魯發達，也因此保留了更多純淨原始的能量。這次的秋分行，特別安排到世界知名的「天空之鏡」烏尤尼，除了絕美景色之外（這裡是電影星際大戰的取景處），在靈性層面上也是個超級震撼彈。

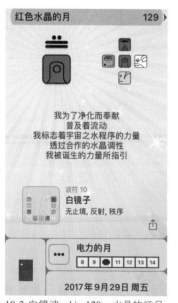

10-2 白鏡波，kin 129，水晶的紅月
（資料來源：13:20:Sync）

烏尤尼位在從雪士達山到秘魯的的喀喀湖的地球靈線的延伸上，這個世界最大的鹽湖，開車幾天幾夜都還看不到盡頭。來到烏尤尼，深刻體會到外境就是內鏡，鹽原本就是用來淨化的好物，而鹽湖倒映的影子如白鏡一般，映照出人們心中最深的黑暗與挑戰。

而我竟然在宇宙中柱白鏡波的最後兩天來到此地，非常共時地經歷了超強內在風暴的洗禮。當天的主印記是水晶紅月，而紅月的挑戰是藍風暴（左邊），支持是白狗（右邊）。當時在旅程中發生的震撼事件由於涉及他人，所以不便在此

詳述。

在白鏡波的水晶紅月日，我在烏尤尼白皚皚的淨化能量下（紅月，淨化之水），深刻而痛苦地經驗了最強大的風暴（挑戰／擴展 藍風暴），而隱藏推動的印記是黃人（下方），正好就是引起情緒風暴的夥伴印記，支持的力量則是代表愛與忠誠的白狗（右邊）。這樣的印記組合，呼應了前幾日死藤水儀式裡所經驗到的宇宙之愛，這所有的共時發生自有其神聖秩序。而秩序，正是白鏡圖騰的關鍵特質之一（圖10-2）。

隔天是旅程的最後一天，也是白鏡波符的最後一天「kin 130 宇宙白狗」（圖10-3），代表此波符要實現的目的，不就是我在死藤水儀式裡感受到的宇宙之愛嗎？更奇妙的是，緊接著就是藍猴波（關鍵字：輕盈、遊戲、幻象），提醒我要以輕盈的方式，看待這個世間遊戲場的幻象。整個能量流的共時性，在數年之後回看這段歷程，雖然當時承接著巨大的痛苦，對於神聖秩序所顯化出來的共時性，仍然讓我驚異不已。

10-3 白鏡波，kin 130，宇宙的白狗
（資料來源：13:20:Sync）

Kin 130 宇宙白狗與 kin 131 磁性藍猴，是整個卓爾金曆的中心點，也就是將整張卓爾金曆上下左右對摺時的中心。在這麼特別的時點，來到世界上最強大的「白鏡」烏尤尼，果然照見出生命裡最需要被看見的真相！

### 3. 2018 夏至秘魯團

2018 年的夏至，我又再次帶團到秘魯。這次的行程和 2017 年的秋分團並不相同，但竟然又是一次「死去活來」的經驗。後來才發現，原來這次的夏至團也是在宇宙中柱，當初規畫旅程時完全不知道如此共時。

2018 年的夏至團在白鏡波時啟程，在 2018.6.17 kin 130 宇

宙白狗，也就是白鏡波的最後一天，到達納斯卡線。每個波符的開始與結束，都是一種能量品質的啟動與完成，波符就像是一股在背後驅動的能量，所以在每個波符轉換的時候，可以特別留意能量品質的轉變（就像星座轉換時，集體意識與能量也會跟著轉換）。

這次的旅程為了看納斯卡線，必須從利馬拉車一路往南，幾乎坐一天的車才能到達納斯卡小鎮。也許是長途飛行沒有好好休息，再加上前一天冗長的口譯工作耗盡能量，一早起床我就頭痛不已，心中暗知不妙。

這天一早我們就到達納斯卡線所在之處，在參觀完納斯卡首都卡哇奇之後，就到納斯卡機場等待搭乘小飛機，看舉世聞名的納斯卡線。納斯卡線的成因與目的，至今仍未有定論，也不知是誰創造了這些神祕圖案。在德隆瓦洛的《地球大拙火——追尋地球能量的 12 次任務》一書中，第十一個任務就在納斯卡線這個區域。當時有兩名薩滿父子突然出現在當地旅館，然後找到德隆瓦洛跟他說「大家都知道你們將在卡哇奇做儀式，這是我們的預言」。他告訴德隆瓦洛，河對岸的一百公尺處就是納斯卡線，那就是卡哇奇被建造於此的原因。以前卡哇奇是聖城，很多人來到這裡都是為了朝聖。

他說當時薩滿與祭司向風祈禱，未來某日這個城市將會在歷史上對的時機重新開啟，帶回印加的知識、智慧與經驗給當時可能存活的印加人。他們知道這個城市將會揭露特別的知識，用以協助整個世界。薩滿與祭司在神殿與金字塔的祭壇裡安置聖物，當卡哇奇在未來再度被發現時，這些未來的印加兄弟姊妹就能明白並記起先人的古老知識與智慧。

這不就是時間膠囊嗎？古老智慧被儲存在建築與物件中，等待對的時機再度被開啟，這也正是伏藏的概念。地球上有許多聖地充滿了奧祕，遠超越現今考古學所能理解，如果只從三次元的物質角度去看，就會錯失了多次元裡等待我們去發現的寶藏。

由於等待搭小飛機的人數眾多，而每架飛機只能乘坐六人到二三十人不等（視飛機大小而定），所以我們只好耐心等待。眼看著比我們晚來的團體都已經搭上飛機，我只好第 N 次去詢問現在的狀況。不妙的是，頭痛仍然沒停、身體也越來越不舒服。我是第二批等待上機的人，由於飛機很小有載重限制（六人座），我和另一位個子嬌小的夥伴被安排在機尾最小的位子，當時心中暗暗叫苦，只好祈禱一切沒事。

小飛機終於起飛了！一飛上天際，看到第一個圖騰，內心湧起莫名的感動，眼淚都快掉下來……小飛機左搖右擺，為了使我們能夠看清楚，使勁調整角度的結果，真是挑戰大家平衡力的極限！就在我即將到達忍耐極限，而航程也剩下少數圖騰時，我忽然發現自己腳麻了……慢慢地麻痺感延續到全身，我開始大口喘氣，感覺機艙內沒有空氣，我擔心自己就要全身麻痺，有種彷彿要中風的感覺！我從來不曾這樣，不停的告訴身體沒事，意識雖然清楚，但麻木的狀況卻越來越嚴重……

終於飛機降落，我不停說：「我麻掉了！請幫我！」（幸好還能說話！）大家急忙七手八腳把我抬下飛機，讓我坐在地上，試著將已經蜷曲僵硬的手指與身體舒展開來，還好同機夥伴是專業中醫，即刻疏通我僵硬的身軀與背部，另一位夥伴也用各種靈療法協助我，讓我的知覺慢慢回復，呼吸回到正常……終於，我活過來了！

後來我才知道，這天正是白鏡波結束的日子，而這面白鏡，竟然在旅程的最後幾天又再度給出挑戰。

就在我們參加完庫斯科的太陽祭，開始進入旅程的最後階段，我竟然重感冒失聲了！

回想在庫斯科太陽祭的前一晚，全城陷入瘋狂狀態，所有人都在街上歡騰起舞。我們在海拔 3400 公尺的古老石頭城裡，跟著長長的遊行隊伍，隨著鼓聲在熱情的人群裡唱歌跳舞。當天晚上就覺得喉嚨有點不舒服，沒想到隔天起床後（2018.6.25

kin 138 銀河白鏡）（圖 10-4），狀況越來越不妙，我從咳嗽聲音沙啞，到最後幾乎發不出聲音，但旅程還有兩天，我還必須完成隨團的口譯工作！當時心中清楚的知道，除了可能是因為在庫斯科狂歡之夜著涼外，也跟當時突然收到一封朋友要與我絕交的私訊有關。當時正在工作，自然無心處理私事，但情緒的衝擊影響生理，覺得自己受到委屈有苦說不出，造成後來在旅程中竟然發燒失聲！

在經歷過幾次類似狀況後，我觀察到自己的身體對於「委屈」的反應，常因為無法說出內在的真實，身體會以咳嗽或失聲的方式，讓自己可以不用開口，逃避溝通與表達。當我明白身體想要傳達的訊息後，我開始學習向在乎的人表達自己的感受，學習如何有效地表達而不是關閉自己的情緒。把該說的話說出來，就是白風（當日印記銀河白鏡的指引），也是愛自己、對自己忠實的方式，這正是白狗的意義。納斯卡線那天（kin 130 宇宙白狗）的發生，已經預示了對未來的指引：面對白鏡的挑戰，學習表達自己（白風），才是真正的對自己忠誠、愛自己（白狗）！

### 4. 2019 年 4 月墨西哥馬雅之旅

有好幾年的聖地之旅，我把重心放在南美的秘魯與玻利維亞，但心中一直掛念著馬雅之地。在決定 2019 年要再回馬雅並且訂下日期後，才發現竟剛好是代表共時性、導航與進化的紅地球波。2019 年 4 月的馬雅之旅，一整個都在紅地球波的能量流裡。

當我拿到團員名單後，就開始計算所有團員的合盤，沒想到竟是 kin 218 行星白鏡（圖 10-5）。一看到「白鏡」我不禁遲疑了一下，因為主印記黃星星的我，每次遇到白鏡都讓我非常有「拓展」的感覺……

但千萬不要落入「挑戰／拓展會發生不好的事情」這樣的想法裡，因為 13 月亮共時曆是來自銀河源頭的信息，超越二元

白色银河的镜子　　　　　138

我为了反射和和谐
塑造着秩序
我标志着无止境矩阵的力量
透过整合的银河调性
我被灵性的力量所指引

波符 11
蓝猴
魔法, 游戏, 幻象

水晶的月
22 23 24 25 26 ● 28
2018年6月25日 周一

10-4 藍猴波，kin 138，銀河的白鏡
（資料來源：13:20:Sync）

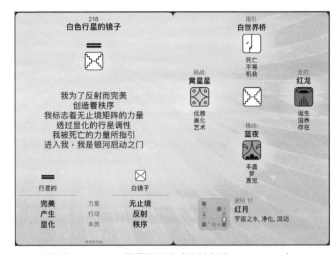

218
白色行星的镜子　　　　　指引：
白世界桥

死亡
平等
机会

挑战：
黄星星

优雅
美化
艺术

支持：
红龙

诞生
滋养
存在

推动：
蓝夜

丰盛
梦
觉觉

我为了反射而完美
创造着秩序
我标志着无止境矩阵的力量
透过显化的行星调性
我被死亡的力量所指引
进入我，我是银河启动之门

行星的
完美
产生
显化

力量
行动
本质

白镜子
无止境
反射
秩序

波符 17
红月
宇宙之水, 净化, 流动

10-5 白鏡波，kin 218，行星的白鏡（資料來源：13:20:Sync）

10-6 馬雅遺址埃茲納（ETZNA）跟白鏡（Etznab）這個圖騰非常類似。
（David Wang 攝）

性的好壞對錯，這是我們在解讀曆法時特別需要注意的關鍵。而且宇宙給予你的一切，都是你所能承接的！

結果隔天翻到筆記，寫著「行星白鏡與國王石棺有關」，原來位在帕連奎的國王石棺，正是在「kin 218 行星白鏡日」被開啟。「行星白鏡」的完美引導是「行星的白世界橋」，而旅程的最後一個遺址是帕連奎，我們造訪的那天「正好」就是「kin 166 行星的白世界橋」，國王帕卡沃坦正在多次元時空裡完美的引導我們！

我與一起帶團的夥伴合盤是「kin 140 行星的黃太陽」，是整個卓爾金曆宇宙中柱的最後一個印記，也是中柱上所有調性相加後的總和。所以，我們在「行星之月」的「行星白世界橋日」，來到在「行星白鏡日」被發現的帕連奎國王石棺之處，在整個團體成員合 kin 是「行星白鏡」的能量下，接收來自國王帕卡沃坦的教導，在地球行星上全然顯化！這些巧合真是不可思議的共時！那次參加旅程的夥伴們回來之後，還時常說起這次旅程的不可思議、對他們有多深遠的影響。在多次元共時性的指引下，許多發生無法以三次元的線性方式去安排，多次元的實相自有其神聖秩序，我們要做的就是敞開去接受宇宙帶來的禮物！

## ☆ 從波符認識太陽圖騰

第 10 個波符：白鏡波 kin 118 ～ 130（磁性白鏡～宇宙白狗）
太陽圖騰：白鏡（圖騰序號 18）


馬雅的卓爾金曆中，對應白鏡圖騰的是 ETZNAB，意思是鏡廳、無時間的儀式模式、儀式的刀、智慧之劍與淨化。

## ☆ 「愛的共時校準」練習

### 與聖地能量校準：埃茲納

馬雅遺址埃茲納（ETZNA），跟白鏡這個圖騰非常類似，而古馬雅曆裡的白鏡圖騰，就叫 ETZNAB。當你進入埃茲納大金字塔的平台時，彷彿看見了白鏡圖騰的其中一半，另一半則是在多次元的時空裡，也映射在你的心裡。白鏡（Etznab）的能量，讓我們有勇氣去面對真實的自己。周遭的世界與他人都是鏡子，映射出你所需要探索的面向。

運用埃茲納金字塔的照片，讓埃茲納（白鏡）的力量引導你（圖 10-6）。

首先看著照片金字塔的頂端，接著閉上眼睛觀想自己安坐在塔頂的中心，將外在三次元的物質世界，與內在肉眼不可見的多次元世界連結起來。將注意力放在自己的松果體，觀想來自宇宙的白光射入松果體。

「白鏡」給予我們機會進入鏡廳，去覺察我們一直避免或從未清晰看見的那部分的自己，看進這面映照出你的無意識陰影面的鏡子，看見是什麼阻擋在你和光之間。在靜心的過程中，也許會出現畫面、話語或洞見，當你靜心結束後請記錄下來。這是白鏡要給予你的教導。

## *11.* 帶著輕盈的心：地球遊戲場的顯化之道
### ——藍猴波

 太陽圖騰：藍猴（第 11 個波符，圖騰序號 11）
關鍵字：魔術、遊戲、幻相

整張 1320 的卓爾金曆，總共 260 格（13 個調性 ×20 個圖騰）以紅、黃、藍、白四種顏色輪轉，呈現出均衡與和諧之美。如果把這張曆法印在一張紙上，將其上下左右對摺，你會發現 kin 130 宇宙白狗與 kin 131 磁性藍猴（白狗與藍猴亦是彼此的隱藏推動力量），正是整個卓爾金曆的中心，像是源自於銀河源頭陰與陽的兩股力量，可視為整個宇宙大爆炸的起點。

整張卓爾金曆是對稱的，從 kin 130 與 kin 131 上下對折，就像是鏡子在相互映照；把中柱當中間折線左右對折，也會產生同樣的鏡射效果。從這樣的角度去看曆法，就能明白為何宇宙中柱（第 7 行）的 20 個印記，是位在白鏡波與藍猴波：外在世界是由內在世界所創造（如上亦如下，如內亦如外），從宇宙之心傳送的愛（kin 130 宇宙白狗），聚焦編織出人間遊戲場（kin 131 磁性藍猴），你要如何與銀河源頭，一起編織這場在地球上演出的遊戲呢？

## 帶著輕盈的心遊玩創造

開始走入內在道路的前幾年，我曾經是藍慕沙啟蒙學院的學生，去過美國西雅圖耶姆校區參加課程。藍慕沙是個高靈，在三萬五千年前轉世到地球，那是祂在地球的唯一一世。在現世這個轉化的時刻，祂透過一位美國女士傑西奈（J.Z Knight）的肉身（傑西奈是藍慕沙當時的女兒）來傳遞訊息，並創辦

了「藍慕沙啟蒙學院」（RSE, Ramtha School of Enlightenment）。

不論你是否相信這樣的起源，藍慕沙學院的教導很值得學習。當時接觸藍慕沙的教導後，釐清了許多內在的疑惑。學校的教導來自古老的宇宙智慧，以現代科學的觀念（如量子力學、腦神經生物學）讓人們易於理解，並藉由實際經驗去明白教導。當頭腦被說服後，抗拒就變小了，再透過實際體驗，你就會知道自己擁有無限的潛力。真理本該就是經由體驗，而非理解知識而來。

在藍慕沙學校裡有許多的修煉，其中一項是在一個廣大如足球場的場域裡，矇眼找到自己畫的夢想卡。課程第一天，我們就畫下自己的夢想卡，畫完後將夢想卡翻到背面，在教室裡和他人不斷地交換，所以你不會知道自己的卡片在誰的手上。然後大家再拿著手中的卡片到場地，用膠帶將夢想卡貼在圍牆上，沒有人會知道自己的卡片在哪裡。當找卡的修煉開始前，我們會先練習特定的呼吸法，將意識集中觀想自己的卡片，然後進入到場域裡，戴上完全不見光的眼罩，原地旋轉三圈後開始找卡。

你可以想像一下，當你戴上眼罩之後，基本上已經看不到外面的世界，再原地旋轉三圈，肯定是連東西南北都搞不清。當你開始行走，若碰到圍籬時觸摸到卡片，就把眼罩摘下來看看是否是你的卡片。如果是，就大聲的喊，指導老師就會過來查看；如果不是，就放下卡片戴上眼罩，繼續找卡。每次找卡的過程都會持續將近半天，對於腦力與體力都是很大的消耗。除了要面對隨時變臉的日曬颳風雨淋，還有高低起伏的地形變化，不時撞到人、撞到圍籬，身體也因而出現多處瘀青。頭腦還會浮現各種喋喋不休，有許多的不願意、許多的抱怨，還有許多的「努力」。但是這個修煉的重點並不在於「努力」，而是專注於將意識與夢想卡合而為一。當你帶著一顆像孩子般輕盈的心，超越了時空限制、超越了頭腦的喋喋不休，夢想卡就

會出現了！

從三次元的觀點來看，一群人矇著眼睛在足球場上亂逛，是打死也不可能找到自己畫的那張卡的。這項修煉打破了三次元的物質限制，連結上多次元的量子場域，讓我們實際經驗到原來我們比自身想像的還要偉大，有許多的潛力與可能性都在我們之內，只是沒有去擦亮與磨練，事實上每個人都做得到！

我的「啊哈」時刻，來得出乎意料之外。當時我正非常努力的找卡，全身繃緊「用力」專注，突然有隻手攬住我的肩膀，輕聲的告訴我：「把肩膀放鬆，你太緊張了！帶著輕盈的心（light heart）！」原來是學校的老師，觀察到我因為過於努力造成的身體緊繃，特意過來提醒我。當我一聽到這些話，心中一暖，眼淚馬上掉下來，神奇的是心竟然就輕盈了！然後我感受到頭腦突然間安靜了，全神專注在卡片上，就在某個我感覺不到自己身在何處的時刻（超越時間空間的限制），我的手碰到了圍籬，接著摸到了一張卡片。我拿開眼罩發現手中的這張卡，竟然就是我在課堂上畫的夢想卡！我興奮得大喊，這實在太不可思議了！

喬‧迪斯本札醫生在他的著作《開啟你的驚人天賦》裡，說到他在世界各地教導學員們如何超越自己，第一步就是「駕馭自己的身體、超越外在環境及超越時間。一旦能做到這些，就已經觸摸到統一場的外圍了……」。

藍慕沙曾說過：「我對我女兒（即藍慕沙在地球上的管道傑西奈）說的第一件事即是，偉大的事物總以輕鬆的心（light heart）來完成。」

「帶著輕盈的心」，這句話讓我親身體會，顯化實相不在於「用力」，而是如何以輕鬆遊戲的心專注於夢想，並以實際的行動創造。藍慕沙學校裡的這項修煉，就是量子場域的示現；地球是人間遊戲場，也是量子場域。帶著輕盈的心，就是以藍猴的品質，在地球的人間遊戲場裡遊玩創造！

「帶著輕盈的心」，也是讓壓力不會壓垮身體健康的關鍵。長期壓力造成酸性體質，許多慢性與重大疾病，以及自體免疫系統的問題，都與酸性體質有關。若想改變酸性體質，物質層面的努力像是飲食與運動固然重要，精神層面的舒緩壓力、保持心情愉快，更是治本之道。

很多人以為壓力來自於外在，但事實上大部分的壓力源於內在狀態。壓力每個人都可能會有，不是只有負責經濟重擔者或決策者才有壓力，許多家庭主婦與照顧者，更有說不出口的長期壓力。尤其是那些重視細節、對自己要求很高的人，長期的「嚴以律己」，造成能量無法流動遲滯在身體內部，細胞當然會發生病變。人是由細胞組成，情緒會影響細胞的表達，科學研究已經證明，細胞受到負面情緒影響時就會緊縮。當細胞無法自在舒緩的表達時，就不能成長更新，細胞間原本自在流動的能量開始淤塞，疾病由此而生。

觀察自己，何時會產生負面情緒，像是焦躁不安、憤怒、沮喪……等，從觀照情緒開始，覺察是什麼原因形成這些「壓力源」，是某個特定的人事物，還是某種情境？亦或者自己某些性格上的特質？時時提醒自己帶著輕盈的心，生活中的修行，不就是「預防醫學」嗎？

白狗（下方）的隱藏推動力量（圖11-1），提醒藍猴要忠於自己的本心，以愛而非恐懼進入人間遊戲場。而黃星星（右邊）的支持力量，讓藍猴的遊戲人間，可以優雅從容地完成任務。紅龍（左邊）可能會將原生家庭的沉重挑戰，讓原本愛玩的猴子，忘記了自己本來就有飛天遁地的能力。請記得，家是談愛的地方，不是說理之處，以愛去消融內外在的枷鎖，讓藍猴的輕盈歡樂，協助找到家的本質。


## 秘魯的的喀喀湖點化儀式

這麼多年的聖地之旅，有幾個特別的時刻是銘印在心上的。

11-1 藍猴的印記組合

其中之一是 2018 年 6 月 20 日（kin 133 電力紅天行者，藍猴波），秘魯冬至（北半球夏至）的前一天，我在秘魯的的喀喀湖的阿曼塔尼島（圖 11-2），真正經驗到聖湖的療癒能量與湖之母親 Mamacocha 的愛。的的喀喀湖是個高山湖泊，平均高度大約是 3800 公尺，聖湖上散布的島嶼都是聖殿，每個島上都可發現古老的建築物，各有自己獨特的石頭，具有各自不同的意義。

那天一早我們包船遊湖，計畫前往較少人前往的阿曼塔尼島。阿曼塔尼島位於的的喀喀湖北邊，島上有兩座山峰，分別代表了神聖父親與神聖母親的聖殿，祂們的愛無所不在，所以阿曼塔尼島也被稱為愛之島。據說從北美雪士達山有條重要的地球能量線（leyline），一路延伸到南美的的喀喀湖，而這條能量線就正好穿過這兩座山峰之間。

一早帶領的薩滿老師詢問我，是否可以讓幾位遠從巴西而來的原住民女祭司和我們一起乘船遊湖，於是這群意外的訪客就加入了我們。原來她們屬於一個七姊妹女祭司聖團，會來到的的喀喀湖，是為了參加安地斯山新年（6.21 冬至）的儀式。

11-2 印加神諭卡〈阿曼塔尼島〉

也許是為了答謝我們的慷慨接待，到了阿曼塔尼島後，女祭司們為我們在湖邊準備了儀式，要我們一個個走進湖水中接受祈福點化。輪到我時，當我光著腳踩進冰冷的湖水裡，馬上感受到聖湖的能量一波波湧入。這群姊妹們團團圍繞著我，在我耳邊念起祈禱文，然後往我的頭上、背部、胸口灑下湖水，並用彩虹披肩將我包住（圖 11-3）。

1.6 阿曼塔尼島 Amatani

此時最年長的女祭司在我耳邊低語並給予祝福，旁邊一位較年輕的姊妹幫她翻譯，以英文告訴我：「妳正走在對的道路上，妳要繼續帶領人們來到聖地，這是妳的使命！」聽到的當下，眼淚完全不受控的潰堤爆哭，雙腳浸泡

在冰冷的聖湖中，全身從裡到外被淋上冰冷的湖水，內心卻彷彿有把聖火在燃燒，感到無比的溫暖……這是一場洗禮，也是一個肯定確認，旅程中所經歷的委屈與自我懷疑，就在這樣的擁抱與愛當中被療癒了！

11-3 的的喀喀湖冬至儀式

2018 年的秘魯之旅，全程都在宇宙中柱的能量流裡。阿曼塔尼島這天的主印記是電力的紅天行者，藍猴波符的第三天。每個波符都是 13 天的週期，而每一天所代表的調性（1~13）各代表了一個問題，而解答就是當天的太陽圖騰，這就是「波符 13 問」（請參閱第三章）。在阿曼塔尼島的這天是 kin 133 電力紅天行者，調性是 3（電力），這天的提問是「我如何給出最好的服務？」，而答案是「紅天行者」。在的的喀喀湖點化儀式裡，女祭司給我的那幾句話，不就共時的回答了嗎？

## ☆ 從波符認識太陽圖騰

第 11 個波符：藍猴波 kin 131 ～ 143 （磁性藍猴～宇宙藍夜）
太陽圖騰：藍猴（圖騰序號 11）

在馬雅的卓爾金曆中，對應藍猴圖騰的是 CHUEN，意思是猴子、藝術家、魔術師。

不知道大家是否有過這樣的經驗，就是常在電子時鐘看到「11:11」的數字。有一段時間我幾乎每天都會看到，每次看到時就會心一笑，直到有一天我忽然明白，這是荷西博士以心電感應和我打招呼！因為他的印記是 kin 11 光譜的藍猴，而藍猴又是第 11 個波符，「11:11」彷彿是個通關密語，讓我知道我正被宇宙好好照顧著！克里昂訊息《DNA 靈性 12 揭祕》中作者李·卡羅也提到，許多人看到 11:11 的數字，次數頻繁到不像是

巧合。李卡羅認為這是來自大靈的「能量眨眼示意」，而「11:11」在數字學上的意義就是「啟蒙：啟蒙」，這也是我們現在所處的蛻變能量，而這股能量是從 1987 年的和諧匯聚開始，別名為 11:11。那麼誰是和諧匯聚活動的主要推動者呢？正是荷西博士！

## ☆ 人人內在都有個哈努曼

在這裡引述金鐘獎節目「佛國之旅」製作人廖文瑜的一篇文章《人人內在都有個哈努曼》，對於藍猴所代表的品質，會有更深刻的明白。

「Monkey mind 頭腦就像猴子一樣，轉來轉去不停歇。」
——孫悟空 72 變，哈努曼

大家對西遊記裡的孫悟空耳熟能詳，卻不一定知道孫悟空其實是印度神猴——哈努曼的「中文版」；不管是孫悟空還是哈努曼，大家更不會知道自己內在就住著一個神通廣大的孫悟空／哈努曼。

印度史詩《羅摩衍那》記載，北印度國王羅摩（Rama）因為愛妻悉妲（Sita）被楞伽山（Lanka 今斯里蘭卡）的魔王羅伐那（Ravana）擄走，羅摩為了尋找愛妻到處奔走。其間羅摩幫助基斯基達國（Kishkindha）的廢帝蘇幾瓦（Sugriva）恢復了王位。蘇幾瓦為了報恩，派遣猴子大軍幫忙找尋悉妲，領軍的正是哈努曼（Hanuman）。

哈努曼是風神的兒子，身體可以大至宇宙、縮至原子般大小，從小就充滿冒險精神，相信自己能成就所有的事情（心想事成的能力）。但哈努曼小時候非常淘氣，經常對林子裡的大神惡作劇、偷吃他們的果子，甚至有一次肚子餓了，差點摘下太陽當果子吃了。於是眾神也和他開了個玩笑，下了咒語：讓他三不五時突然忘記自己擁有強大力量，直到有人提醒，才會又記起自己有超凡力量。

揮軍南下的哈努曼來到了印度洋，他必須跨越海洋才能到楞伽山救人，他躊躇猶豫著，如何越過大海呢？此時，眾人提醒他：你擁

有各種神力、你可以變大變小、漂浮在空中……於是，他突然記起了自己的能力，一躍，越過印度洋。

一旦記起真正的自己，就不會忘記。

是否我們在面對困難挑戰時也和哈努曼一樣，像被下了詛咒，猶豫、躊躇、害怕而不敢向前？

是否我們在面對成功時，又極其自我的以為全是自己的功勞，少了眾人的提醒，空有實力的哈努曼仍然跨不過印度洋？

最後，哈努曼找到了悉妲，卻被魔軍抓住，帶到羅伐那跟前。羅伐那將哈努曼的尾巴點著火，懲罰祂。聰明的哈努曼用尾巴左捽右掃，反而燒毀羅伐那城，也順利救出羅摩的愛妻悉妲。

淘氣的哈努曼擁有猴子的腦袋，足智多謀、智慧、勇敢，他在嘻笑中運用力量（用火燒了整個 Lanka，然後付之一笑），毫不費力成就所有事，卻又永遠如孩童般簡單、純真、純粹。

印度神話中的羅摩（Rama）是宇宙之主，也是哈努曼的主人，哈努曼成就了羅摩的事業，也等於成就了宇宙的事業。

每個文明因信仰的不同，便用不同的名號稱呼羅摩和哈努曼（譬如：神啊，主啊），重點是我們如何活出哈努曼的特質：純粹、簡單、勇敢、智慧和擁有心想事成的能力。

希望你能從心底喜歡哈努曼，喜歡那個神性，那個蘊藏無限勇氣、純真與智慧的活潑形象。

於是，祂會被「記起」。

# *12.* 種下意圖的種子，讓生命開花
## ——黃種子波

太陽圖騰：黃種子（第 12 個波符，圖騰序號 4）
關鍵字：開花、目標、覺察

　　《當和尚遇到鑽石》是帶我走向內在道路的啟蒙書之一。遇到這本書時，當時的我還在金融業工作，過著看似光鮮亮麗但內心卻很迷惘的日子。那天外出拜訪客戶結束，恰逢中午用餐時間，我隨意走入一間從未去過的書局，就在二樓電扶梯前的展示平台上，我看到了這本書。隨手翻閱一下，突然感受到很大的共振：這不正是我一直在找尋的，如何同時累積財富並擁有生命的意義嗎？當時的我從未閱讀過任何靈性相關書籍，也從沒想過要離開商業舒適圈（畢竟我是商管本科 MBA），我只是希冀在日復一日追逐金錢的生活裡，能夠真正的成功，並在其中找到內在的喜悅。

　　將近二十年前，集體意識的靈性思想仍在匍匐前進，但這本書就像是為我埋下了種子，在黑暗中等待發芽成長。從這本書裡，我第一次聽聞空性與《金剛經》，還有鑽石（金剛石）代表的涵意。《金剛經》中的「金剛」，代表眾生的佛性，也就是究竟空性的本質。鑽石是世界上最硬的物質，能夠琢磨鑽石的正是鑽石本身。本書的英文書名《切割鑽石的人》（*The Diamond Cutter*），意味著以空性去琢磨本心，使其通透清亮、不被外在環境所擾。我們的心，就像是個全天候開機的錄影機，不斷地記錄我們的感知、思想與行動，而這些紀錄就是銘印（imprint），也就是身語意的種子。印度靈性導師薩古魯說：「業是種子。你拿這顆種子做什麼，完全由你決定。」所有的事物都是經由銘印製造產生，我們周遭的人事物，甚至我們自己，

12-1 黃種子的印記組合

都是過去好或壞的行為、語言以及思想的產物。

就像電影《全面啟動》（Inception，或譯《盜夢空間》），透過將某個意念種子深深地植入潛意識裡，待時機成熟，就會影響到表意識，繼而改變思想與行為。要得到某種果實，就要種下這個果實的種子，你不可能希望得到蘋果卻播下水梨的種子。同樣的，在我們的生命裡，若想要得到什麼，就需要清晰地聚焦並且行動。而在種下意圖的種子之前，如果能夠以高遠的視野看見全貌，在聚焦時就更能夠成功。所以黃種子的支持力量，就是藍鷹（圖 12-1）。

## 創建個人現實的「合一箭術」

在藍猴圖騰（第 11 個波符）時，我曾提到在美國藍慕沙學院上課的過程，當時還有另一個非常震撼的修煉，就是「合一箭術」。在我去西雅圖上藍慕沙課程之前，這輩子從來沒有射過箭，所以連弓要怎麼擺、箭要怎麼射都完全沒頭緒，可以想像當我得知要上場射箭的時候，內心有多驚慌。

合一箭術跟一般的射箭不同，一般的射箭需要有千里眼，還有強壯的臂力，才能百步穿楊。但是合一箭術的重點不在於身體上的條件，而是你專注與靶心合一的程度，因為要戴上眼罩矇眼射箭，所以是否能射中目標，跟視力好壞無關，而是跟內在狀態有關。

在上場前，先做呼吸法提高能量並集中注意力，從內在之眼去觀想箭與靶心合一，當意識進入到超越時間空間的領域時，箭射出的瞬間，就創造了看似不可能的事實。第一次上場時實在是極度挫敗。靶在大約一百公尺遠的地方，但我的箭頂多只有射到前方十公尺，原因是我的方法根本不對，當時的我還有「好學生情結」，做什麼事都希望能盡善盡美，看到自己的表現如此糟糕，內心非常沮喪，也因為不懂如何正確射箭，手臂還被彈回的弓弦撞擊到嚴重瘀青。

第二天再度操練時，場邊的指導老師實在看不下去，走到我的旁邊指導實務技巧，而其他組員也協助指導我，漸漸地我開始抓到要領、有了進步。神奇的是，等到第三次操練，我竟然在矇眼射箭的狀況下射中了靶心板，還有好幾支箭很靠近得分靶，再次讓我經驗到在三次元的物質世界裡，確實可以超越時間空間的限制！

黃種子的挑戰／拓展力量，就是閉著眼的白巫師（左邊）（圖12-1）。從內在去觀想創造現實，就如同電影《全面啟動》裡潛意識被植入了種子，這是一個內在工程，就像種子要落地生根（隱藏推動力量是下方的紅地球）才會發芽成長，透過內在的孕育與耐心的等待，才有可能顯化成真。

## 清楚聚焦與扎根

我曾去過印度十多次，最讓我念念不忘的地方之一，就是靈性社區曙光村。

曙光村（Auroville）是個國際性的靈性社區，也是人類未來生活的實驗室，誕生於 1968 年 2 月 28 日，中心是宛如外星飛船的「大黃金球」（Matrimandir），意思是神聖母親的殿堂（圖12-2）。

整個大黃金球仿若是顆巨大的黃種子，將曙光村的核心精神穩穩地扎根在地球中心。

對我來說，大黃金球是古老星際智慧的顯化版。我第一次進去時，先換上園方準備的白色襪子，順著純白的螺旋階梯往上走，感覺像是步入外星人的太空艙，又像是走向天堂的大門。在大黃金球裡面是絕對禁語的，除了細緻涓滴的水流聲，裡面是完全的安靜，在這裡只有你和神聖母親，這是你跟你的神單獨會面的時刻。

到了第一層，你會注意到有束天光從頂上直射下來。繼續

曙光村官網
看內部照片

順著雙螺旋型的走道緩步而上（象徵雙螺旋 DNA），進入到上層的內室。一室淨白的宏偉內室，從屋頂、廊柱、牆壁到地毯，全是沉穩純淨的白。內室的中央是個直徑 70 公分、據說是全世界最大的透明水晶球。從屋頂傾洩直射其上的一束天光，是從天頂透過特殊技術接引進來的陽光，這是靜心時唯一的光源。圍繞著水晶球的是 12 根純白大理石柱，地上則鋪著厚厚的白色地毯。整個空間沒有神像、沒有宗教、沒有儀式、沒有鮮花，這裡就是為了讓人們可以「專心」（曙光村稱其為 concentration）的地方！

同樣的一束天光，從大黃金球的穹頂一路往下，穿過大黃金球底部的洞口，直達底下的「蓮花池」。圓形的蓮花池用大理石鋪成一片片的花瓣，從最高的外緣往內集中到最低的中心，有顆透明水晶球放置在正中心，承接從天頂而來的光。這同一

12-2 曙光村（Auroville）的中心是宛如外星飛船的「大黃金球」（Matrimandir），意思是神聖母親的殿堂。

道光，宛如來自上天的神聖能量，從頂輪一路貫穿到海底輪，而上下兩顆大水晶球象徵著定錨點。當我們來到此處，彷彿與大黃金球融為一體，從天頂而來的光直通而下，就如同天光充滿了整個中軸。

在大黃金球裡專注靜心的過程，就像是黃種子的星系印記組合的象徵：大黃金球代表黃種子，如白巫師閉上眼睛往內看，以藍鷹的視野清晰地看見願景，落實在紅地球上顯化。當清楚地聚焦，安住於自身的內在，來自天的靈感與地的扎根，將會在我們內在通達連接，生出蓬勃成長的力量。

## 印加神諭卡誕生於黃種子波

與秘魯薩滿霍禾老師的相識，是宇宙的共時性發生。早在2012年第一次去秘魯參與「12.12.12開啟星際之門」慶典，主辦方就是霍禾老師，當時帶領我們國際團的老師卡洛琳娜說，霍禾已經生活在五次元的維度裡。他是安地斯山高地原住民艾瑪拉族，是當地最早帶領靈性之旅的先驅，對於原住民文化的保存與振興不遺餘力，也常受邀到世界各地開課與演講。2016年時，我們邀請霍禾老師來到台灣，聊到也許可以一起合作出版，喜歡旅遊的他還說，那我們就在世界的某個地方會合吧，曼谷應該是個好地方，他說。

誰能想到，當時行程總是飄忽不定的我們，竟然都能順流地排出時間，從相距遙遠的南北半球，飛到曼谷會合，只為了完成共同的願景。2017年2月初，一過完農曆新年，我們就從台灣飛到曼谷，而霍禾老師一家人則從繁忙的訪歐行程中，抽出幾天來到泰國。我們花了5天的時間密集工作、錄音、訪談……，在天使之城的曼谷，從早到晚不間斷地工作。在5天裡，我們推翻了原本的構思，從毫無頭緒到漸漸釐清，最後生出了共49張牌卡，七個主題各七張卡的龐大架構，囊括了秘魯的山神、神祕石柱、古印加圖騰、力量之地、力量動物、太陽實修法以及七個自然之母！

雖然整個架構與內容已大致底定，但要將其落實顯化，又是一項挑戰。回到台灣後，一邊開始整理錄音檔，一邊四處尋找合適的美編、印刷廠，在此同時間，我還要準備國際領隊執照的考試，策畫秋分的聖地之旅，敲訂霍禾老師再度來台的場地與細節……在短短的三個月內，雖然有許多事情的發展未如預期順利，但在夥伴以及朋友們的協助下，這副牌卡從無到有終於誕生，第一次自己製作、出資與自行出版，從種下種子到開花結果，創造的過程雖然有不少困難，成果仍充滿了喜悅與滿足。

當我將 13 月亮共時曆與這些年的歷程合起來看時，才發現我們在曼谷會合工作的期間正是黃種子波，而這整個創作牌卡的過程，亦如黃種子所代表的品質。這段過程讓我看見，當我們在順境裡，很容易把一切都視為理所當然，然而在不順遂的背後，才是真正的禮物：它讓我學習不帶期待地付出，學習如何有耐心地對待自己與他人；它讓我看見，我還有多少的執取；它也要我明白，所謂的成功與失敗，是由你自己下定義，而不是數字。

黃種子圖騰的意義，除了開花與目標外，還有在過程中的自我覺察。每件事情不管成功或失敗，在那其中必定有禮物。覺察，就有機會得到黃種子要給你的禮物！


## ☆ 從波符認識太陽圖騰

**第 12 個波符：黃種子波 kin 144 ～ 156（磁性黃種子～宇宙黃戰士）**

**太陽圖騰：黃種子（圖騰序號 4）**

在馬雅的卓爾金曆中，對應黃種子圖騰的 KAN，意思是種子、靈感、成長的次序力量、生產法則、性與生殖力。

## ☆「愛的共時校準」練習

### 播下意念的種子

　　《當和尚遇到鑽石》這本書裡，教導讀者使用一個記錄銘印的「六時書」，也就是在一天當中的六個時點，有意識地記錄發生了什麼正向或負向銘印的事情，持續記錄自己的狀況，沒有任何評斷，只需要明確具體的記錄。記錄一天當中值得注意的身語意的行為，並且寫下行動目標。這是一種追蹤記錄的系統，也是一種校準的方式。

　　或者有些人覺得這樣太複雜，也許可以從感謝日記開始。持續記錄生活中值得感謝的人事物一段時間，開始去觀察過去覺得理所當然存在的事物，雖然微小卻重要的一切。當心中充滿感謝，自然充滿正能量，也就更容易與好事共振。

　　也可以運用手邊已有的各種日常記錄系統，像是魔法手帳、13 月亮共時手帳，或是跟著 24 節氣過日子、觀察月相的變化。如果對占星有興趣，也可以跟著星相去覺察生活裡的發生。

　　每日紀錄，就是覺察；靜心校準，就是植入種子。

　　種下意圖的種子，與自然的力量連結，觀察生命中的發生。共時性會帶著你，進入到生命的各種可能裡。

## 13. 共時：人類與蓋亞的親密互動
### ──紅地球波

太陽圖騰：紅地球（第 13 個波符，圖騰序號 17）
關鍵字：導航、進化、共時性

　　我的第一本書《一個人的聖境之旅》，紀錄了我從 2006 年離開金融圈到 2012 年為止，那段徹底打破過去身分認同、尋找真實自我的旅程。那是由一個又一個的共時機緣堆疊而成的過程：莫名其妙的得到某個機會，再共時的遇到某個人事物，頭腦無法計畫，事前也難以預知。當時的我就像在玩大地遊戲，要通過每一關的考驗才能得到前往下一站的指示，在一層層的剝除身分認同後，我漸漸對未來沒有設限，願意順著生命之流帶我航向未知。

　　就像俄羅斯娃娃將一個個人偶層層堆疊，追尋自我的旅程則是打開一個個套疊的自己，直至最後的核心。透過旅程中的人、事、時、地、物，認識更深的自己，也開啟了更多生命的契機。

### 認出與地球母親的連結

　　2012 年 12 月我第一次去秘魯，在的的喀喀湖邊旅館的最後一天晚上，帶領老師把我們集合起來圍坐在一起。她要我們張開雙手，閉上雙眼，然後再把某樣東西放在我們的左手上，邀請我們用心去感覺，幾分鐘後再把物品拿到右手，遞給旁邊的人。我不知道會拿到什麼，所以也沒有任何期待，就當做是個有趣的實驗靜心等待著。

　　當她把某個如發皺紙團的東西放在我的左手時，突然之間，

13-1 紅地球的印記組合

我竟然大哭起來！那感覺是種好深的認出，像是多年不見日夜相思的家人終於相見的感受，我的腦子一片空白，完全沒有任何想法……我總共感受了三四樣東西，有兩個像發皺紙團的東西都讓我大哭不已。當靜心結束，帶領老師告訴我拿到的是什麼，原來那啟動我淚腺的是包在紙團裡的古老玉米種子！老師告訴我：「妳跟大地之母很有連結，這些古老的玉米種子都是原生種，是地球最古老的種子。」

於是我才知道，原來我與地球有如此深的連結，而這些年的內外旅程，也是地球母親藉由共時性帶領著我。在我學習 13 月亮共時曆之後，我才知道原來自己的出生波符是紅地球波，而紅地球波的關鍵字就是「共時、導航、進化」，也終於讓我明白為何會遇見各種共時機緣帶領我前行。

## 我們與地球磁場同步

在《同一場域》這部紀錄片裡，提到當我們處於心腦一致時，心和大腦在同步狀態，我們可接收直覺，並且與地球磁場相連。有一群志願者參與實驗，在 30 天裡每天在同一時間靜心 15 分鐘，然後測量他們的心律，結果發現這群在不同地區的人，他們心的節律是同步的，而且跟地球磁場的同步性也非常明顯。這也許可以說明，為何當我們走入大自然時，可以讓我們感受到和諧與平衡；與地球磁場連結與同步時，我們也能夠同時接收到地球母親要給予我們的愛與智慧。

白風（右邊）（圖 13-1）帶來聖靈的指引，讓紅地球經由共時性導航前進的方向。共時性總是在當下發生，而呼吸，永遠在當下。當你發現自己耽溺在過去或憂慮未來時，請記得回到自己的呼吸，回到當下。藍手（左邊）的一步一腳印，與紅地球看似無計畫的共時導航，是兩種截然不同的處事方式。當我們能夠將各自的不同融合在一起，原有的挑戰就化成了拓展。紅地球若能從自己慣用的導航模式中，加入藍手踏實的力量，將更能推動事物的進展。黃種子（下方）的設定意圖就像設定

導航儀的目的地，當意圖明確，場域裡的各種機緣就有了依循的方向，每個共時巧合就能一步步地推動紅地球往目標前進。

## 地球的時間膠囊

《解讀地球生命密碼》是來自昂宿星的傳訊，書中提到，大多數文明把資料儲存在石頭之中，當人們在地球上生活、呼吸時，地球能夠解讀並知道人類發展的階段，以及負擔責任的能力。聖地會被某些個體啟動，這些人利用自身的意識之鑰開啟聖地，喚醒並釋放儲存其中的知識記憶與經驗。在進入聖地時，有意識的想像脈輪是開啟個人記憶的能量門戶，那麼聖地就會被開啟。

由莫妮卡·穆嵐妮編輯整合高靈克里昂歷年來關於蓋亞訊息的《蓋亞效應》，裡面提到時間膠囊的開啟，這些未知的科學是很久以前由昂宿星人放進時間膠囊。就像魔戒一樣，這些知識具有強大的威力，唯有當我們的意識準備妥當之後，時間膠囊才會打開，地球會開始接收到這些「新」的觀念與發明，否則很容易被濫用或誤用，「當人類的意識開始認為最重要的品質是『聯合』而不是『分裂』時，新技術就會發生了。」

時間膠囊並不是實質的三次元物體，而是多維度的智慧能量，分為地球與個人的時間膠囊，而個人層面的時間膠囊就在我們的 DNA 裡，也就是曾被科學家認為無用的「垃圾DNA」！這也就是為什麼一切都要從我們自身開始，因為我們身體裡藏有尚未被打開的奧祕，當我們讓自己更柔軟有愛、富有慈心，DNA 裡的時間膠囊就會被打開，新的構想與發現就會出現，人類就能解決現有難題繼而進化。愛與慈心，是人類進化的關鍵！

## 啟動台灣水晶龍線

我的出生波符是紅地球，巧合的是，有好幾次的聖地之旅

就在紅地球波。第一次水晶龍線之旅就在紅地球波。最後一站（2014 年 4 月 9 日，kin 161 超頻紅龍）我們到了科巴，進行此行最重要的儀式：啟動台灣水晶龍線 *。

科巴是個占地廣大的遺址，各個金字塔與聖殿是由「白色道路」（Sac-be）連接，從空中往下看，以科巴為中心向外延伸而出的白色道路，就像一張蛛網般可連接到不同的遺址，這裡與台灣的能量場域很類似。台灣也是一個中心，地理位置非常重要，從台灣這個軸心延伸而出的水晶龍線（應該說是水晶龍「網」），可以延展到各個區域，在完全下載發展之後，這些能量網格會覆蓋整個地球！

在儀式之前，我們必須先到巨石碑群拿取「寶藏」，而這個寶藏必須是透過我們自身這把鑰匙才能取得。巨石碑群裡矗立著大大小小、或模糊或清晰的雕刻石柱。我們心中帶著啟動台灣使命的意圖，然後去感受並找到屬於自己的石柱，接著再請求准許下載資訊，打開久遠以前先人留在此處的時間膠囊。

「資料被藏在石頭與骨頭之中，因為石頭就是地球之骨。當你們探訪你們稱為力場的古代聖地時……你們通常會撿起幾千年前留在那裡，等著自己取回的東西。隨著到這些地方遊歷，你們的身體暴露在這些能量中，獲取你們的進化藍圖。」
——《解讀地球生命密碼》

我將自己全然放空，不因眼睛所見而混淆感受，讓自己跟著內在感覺走。試了幾個巨石碑，都沒有那種「吸力」，漸往深處走去，突然之間我和夥伴同時看見這個巨石碑，同時被吸引，同時明白：「就是這個！」當我們站在巨石碑前方請求准許下載編碼時，突然之間巨大的能量流湧入身體，我無法解釋接收到了什麼，因為一切都發生得很快速，但內在有種感覺：「我準備好了！」

---

*請參閱〈1. 起源：我從哪裡來？——紅龍波〉）。

當夥伴們各自找到巨石碑並下載完畢後，我們來到這次旅程的重頭戲──啟動台灣靈性使命的地點。由於此地的能量場就如同台灣，而馬雅是多次元門戶，當我們在這裡具象化的啟動水晶龍線之後，台灣的新藍圖也同時被啟動。2014 年 4 月 9 日 kin 161 超頻紅龍的這天，我們在科巴的卵型金字塔做啟動儀式，正式將水晶龍線頻率，透過馬雅的多次元門戶帶到地球。在紅地球波的超頻紅龍日，古老智慧透過水晶龍線重新誕生於地球，開展了水晶龍線的藍圖。

也許對許多人而言，這些看不見、摸不著的多次元之旅，比較像是道聽塗說的鄉野奇譚。但是如果你打開了內在之眼，你會開始感知到這個世界並非純粹只是物質現象，還有許多未知與未解之謎，是現在的物質維度無法理解的。何不敞開自己，從連結大自然開始，讓紅地球的共時導航儀，帶你去感受生命的一體，進入到未知的奧祕裡？

## ☆ 從波符認識太陽圖騰

第 13 個波符：紅地球 kin 157 ～ 169（磁性紅地球～宇宙紅月）
太陽圖騰：紅地球（圖騰序號 17）

馬雅的卓爾金曆中，對應紅地球圖騰的是 CABAN，意思是地球、土地力量、共時性、智性同步的力量。

## ☆ 「愛的共時校準」練習

### 心腦合一，與地球共振的靜心

請找個安靜舒適的地方，輕輕的閉上雙眼，傾聽你的心。

把雙手放在胸口，將注意力放在心的位置，觀察呼吸如何在胸腔的位置流動，深長緩慢的吸氣吐氣。繼續觀照呼吸，調整到你覺得最為舒適的呼吸韻律。

如果發現自己分心了，沒有關係，只要輕輕地再把注意力放回你的胸腔、心臟與呼吸上。每當注意到自己分心了，就只要再把意識與注意力帶回來就可以了。請記得，注意力在哪裡，能量就在哪裡。

現在把注意力放在心輪的位置，帶進揚升情緒，像是關心、慈悲、愛、喜悅，並持續從心臟能量中心呼吸。

也許你可以回想一段很有連結的回憶，可能是一個你非常喜歡的地方，或者是你正在跟你最愛的寵物在一起，或者是大自然裡一個很特別的地方，允許這個感受在你的身體裡流動。

現在將這個真摯的感受，從心的位置發散出來，傳送到身體裡每一個細胞，想像這個能量將你更新，讓你能量滿滿。感覺你就坐在溫暖的陽光下，這個溫暖從你的心中發散出來，感覺這個溫暖充滿了整個身體，進入到你整個的心智與情緒的本質裡。

將這個感受往外擴展，你可以將這個溫暖的能量往外擴展到你所在的環境，從你的心裡，將整個環境充滿這個溫暖有能量的感受。

將這個感受，往外繼續擴展到你所在的社區，或者是將這個源自於心的能量，傳送給一個人，一個你很關心、覺得很重要，覺得他的生命中需要更多關愛的人。

**繼續擴展**，將這個能量擴展到整個世界，到所有的人類，或者到地球上的某個地區，這裡需要你的心的慈悲能量。去感覺一股暖流，從你的心的中心，流經你整個存在，進入到環境裡，再到人群中。當你做這個練習時，你所發出的心的能量，將會與你最高的意圖鎖住。

持續從心中發出慈悲的能量，停留在這樣的頻率裡，當你覺得準備好可以結束時，再慢慢張開眼睛，回到當下。

## *14.* 忠誠：忠於真實的自己
### ——白狗波

太陽圖騰：白狗（第 14 個波符，圖騰序號 10）
關鍵字：心、愛、忠誠

　　養過狗狗的人應該都經歷過，家中的狗寶貝總是繞著你身邊打轉、眼睛骨碌碌地只看你不瞧別人的可愛模樣吧？狗兒是你最忠實的夥伴，總在身邊跟前跟後，這樣的忠誠與無條件的愛，也是許多人想要的親密關係。不過，白狗之愛的品質毋需外求，接納並忠於真實的自己，才是無窮的愛的泉源。

　　很多人都曾經歷過背叛，那痛苦既強烈又幽微，是生命裡難以承受之痛。

　　背叛，也曾是我生命裡的一大課題，甚至可說是關係裡的一種模式。這裡的關係不限於親密關係，合夥關係也是。兩個不同的人相遇並結合，勢必有一段美好的蜜月期，在蜜月期之後，唯美的面紗逐漸被揭開，如何面對真實的彼此，才是關係中真正的試煉。

　　在我的感情史當中，當過第三者也「被第三者」過，那些錯綜複雜的感情關係，終究讓我明白，若是無法忠於自己，外在世界就會顯化出種種背叛戲碼。我曾經以為愛情是人生的歸宿，在不斷重複的戲碼後，我看見了，原來「愛情」，是為了走向「愛」。

　　從愛情到愛，是學習的過程。從年輕到現在，我經歷過各式愛情事件，雖然追求者眾多，但內在的我卻從來沒有真正地欣賞自己，總是嚴厲地批判自己這裡不夠、那裡不好。比方說雖然大學聯考以高分考取第一志願，卻總覺得自己根本不配得，

甚至覺得自己是個從高雄「鄉下」來台北「都會」念書的孩子，出身平凡外表普通才華平平，完全搞不懂為何會有優秀的學長和同學們欣賞我，我壓根覺得自己不值得……

這樣的內在狀態一直持續著，到我出國念書、工作，即使在金融業最好的投資銀行工作，即使身邊的人條件很不錯，但我的內在仍然存在著一種焦慮感，隱隱覺得有顆不定時炸彈，只是在等待著被引爆的時機點。這樣的內在焦慮感，在離開金融業一切歸零後，開始慢慢有了鬆動。在那幾年的自我追尋裡，我開始看見、並且承認焦慮感的存在，雖然經歷各式各樣的心靈過程，讓我梳理了內在的脈絡，卻仍未體驗到愛的真理。

後來，我用了將近十年的時間，真正明白了這句話：

**沒有全然地愛自己，就無法真正的愛他人。我們無法展現自己所不是的樣貌。**

在 2012 年，我遇到了生命中最重要的人之一，也就是我的「雙生火焰」*。我們因為馬雅朝聖之旅而相遇，在地球上碰面的那天正是他的生日，而那天正好就在白狗波！也許在我們投生地球前，早已約好要扮演讓對方成長的角色，各種肥皂劇裡的戲碼無一不缺輪番上演，都是為了推動我們往自身存在的本質前進。

對我來說，這個本質就是「愛」：真正的愛自己、接納自己，忠於真實的自己。在不斷反覆試煉的過程裡，在一次次的絕望與心碎後，我逐漸明白，唯有全然地接納自己、寬恕自己曾經做過的蠢事錯事，才有可能進入愛的本質裡。原來一切是從自身開始，從忠於真實的自己開始。

十年之後，我們仍然有著靈魂之間的默契與熟悉，但更重要的是，我從過程裡學習到愛與忠誠的真義。很多人以為，愛與忠誠是關係中的「對方」必定要有的品質。事實上，愛與忠

---

\* 這是經過他人「認證」，而我們也同時在內在靈視中，看到我們靈魂一起來到地球的時刻。不過是否真為「雙生火焰」，後來發現其實不是重點。

誠的對象是自己，不是他人。真正的愛自己、對自己的內在忠誠，是關係能夠帶給我們最珍貴的禮物。

忠誠，是忠於自己，才有可能忠於他人。如果無法對自己誠實，所有外顯的忠誠都是演出，如果內在沒有真實，背叛就如暗影蠢蠢欲動，當你無法再逃避內在洶湧而出的痛苦，外在的背叛是必然的結果。

忠於自心的白狗，很需要紅月（右邊）（圖14-1）淨化之水的支持力量，讓情緒自然流動，好好地療癒自己曾經受過的傷。白狗有可能會覺得自己「應該」要好好照顧他人，要像黃太陽（左邊）一樣普照大地，但如果沒有好好地觀照自己的心，不但無法給出真正的愛，若任憑他人不斷的索求，沒有忠於自己本心的白狗，最後不是逃離就是枯竭！所以白狗需要藍猴的幽默，提醒自己保持輕盈的心，明白地球是人間遊戲場，看見幻象後面的真相，好好的把自己愛回來，才能讓愛泉湧不絕！

14-1 白狗的印記組合

## 瑟多納的水晶頭顱聚會

2010 年 10 月，我在美國的瑟多納（Sedona）。當時的我，預計在美國獨自旅行一個月，除了計畫好要前往瑟多納參加《生命之花》作者德隆瓦洛的地／天工作坊，以及到愛荷華州拜訪住在當地的老師之外，我沒有其他預定的計畫。

這是最後一場由德隆瓦洛親自教授的地／天工作坊，全部有近兩百位參與者，而我是唯一從亞洲過去的學員。課程在 2010 年 10 月 4 日開始，到了第二天下課前，同是學員的荷蘭醫生威爾斯跑來問我：「晚上要不要參加水晶頭顱之夜？」我因為時差而頭昏腦脹，正想在下課後好好休息，完全沒有參加聚會的意願……而且水晶頭顱是啥啊？威爾斯說：「就是德隆瓦洛在《地球大拙火》一書中講到的水晶頭顱啊！既

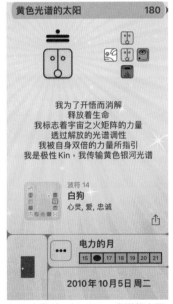

14-2 白狗波，kin 180，光譜黃太陽
（資料來源：13:20:Sync）

然人都來了，就來參加聚會吧！」

於是我猛然想起，德隆瓦洛確實在書中提過古老的水晶頭顱，以及他如何接收到裡面所蘊含的馬雅智慧。我完全沒想到，這個水晶頭顱之夜，竟把我的靈魂旅程牽引到下個新階段。

水晶頭顱之夜就在隔壁教室，下課之後一群同學紛紛轉移陣地。這時我看到今晚的帶領人莉亞，穿著一襲全白長衫，正在擺放著幾個水晶頭顱。莉亞是個聲音治療師與傳訊者，出生於愛爾蘭，目前住在澳洲東北部（都是我曾去過而且很有感覺的地方），她傳遞來自天狼星的訊息，並以光語的方式唱誦療癒。地上放著一塊彩虹大方巾做為壇埕，好幾個大大小小的水晶頭顱擺在四週與中心，大家紛紛將身上的水晶與聖物放在水晶頭顱旁。

在那之前我從來沒看過水晶頭顱，唯一聽過的水晶頭顱是印第安那瓊斯系列電影的「水晶骷顱王國」。坐在我旁邊的老太太是當地人，她說這是瑟多納第一次的水晶頭顱聚會，真是非常難得，所以才會有這麼多人參加。沒多久活動正式開始，莉亞先向大家致歉，說原本有位馬雅祭司要來到這裡參與聚會，但因為暴風雨的關係道路封閉，所以無法來到這裡和大家相聚。莉亞透過光語的吟誦，為我們傳遞天狼星的訊息，每個人都會接收到個別療癒，並啟動 DNA 裡的古老記憶。

燈光暗了下來，大家安靜地坐著，莉亞開始用特別的語言與聲調吟唱，原本我還專注的聽著，但後來我竟不由自主的睡著了！過了一段時間，吟誦停了，我也在停下的瞬間醒來，像睡了個大覺。當時我還有點懊悔，但後來我才明瞭，也許唯有透過打昏我的頭腦，不讓自以為聰明的頭腦橫亙在中間，這些奧祕的天狼星光語，才能在我身上做出適當的啟動吧！

原本我以為，這個水晶頭顱啟動儀式不過是這次課程中的小插曲，沒想到幾個月後，我因為莉亞的邀約而決定去墨西哥參加馬雅朝聖之旅，但她卻因為澳洲家裡發生暴風雨而無法前

來。而當時那位因暴風雨而缺席的馬雅祭司，竟然就是這次朝聖之旅的帶領者米格爾，也是影響我進入更深的內在旅程的關鍵導師之一！在同一場域的共時性中，我和米格爾無法在瑟多納會面，是因為我必須在馬雅之地與他相遇，而且還要與另外兩位夥伴同行，一起開啟我們在馬雅的靈魂旅程（後來才知道我們三人前世在馬雅是姊妹）。

就在這次書寫的過程裡，我才發現瑟多納的水晶頭顱聚會就在白狗波（2010.10.5 kin 180 光譜黃太陽）（圖 14-2），那天的主印記與指引都是黃太陽，正是馬雅的象徵。而原本要來參加這場水晶頭顱聚會的馬雅祭司米格爾，卻因為當天在鳳凰城遇上暴風雨被困住無法前來。看似「不順利」的事件，卻帶領著我在隔年去到墨西哥馬雅之地，開啟了我的靈魂記憶，而藍風暴（暴風雨）正是當天支持的力量！隱藏推動的紅龍，就是馬雅的古老智慧，將我推向生命河流的核心。

德隆瓦洛的地／天工作坊，正好位在波符轉換期，從白狗波轉換成藍夜波（2010.10.4 kin 179 行星藍風暴／白狗波～2010.10.8 kin 183 磁性藍夜／藍夜波）。那次工作坊帶給我生命巨大的轉變，當時的我並不知道其中的含意，多年之後回看，才明白生命中發生的一切，自有其意義。許多事情在發生的當下，未必是表面上所看到的樣子，原本以為的「不順利」未必是壞事。如同水晶頭顱聚會當天，馬雅祭司米格爾因為暴風雨未能到場，看起來似乎很可惜錯過了機會，但事實上宇宙是為了安排我回到馬雅之地，跟著他一起學習。生命中的共時機緣如此美妙，學習放手敞開可能性，而不是想要牢牢地掌控未來。

請記得，一切都在神聖秩序中。


## ☆ 從波符認識太陽圖騰

第 14 個波符：白狗波 kin 170 ～ 182（磁性白狗～宇宙白風）

太陽圖騰：白狗（圖騰序號 10）

馬雅的卓爾金曆中，對應白狗圖騰的是 OC，意思是狗、哺乳類腦、情緒生活、忠誠的指引與原則、給予靈性旅程力量的信念。

### ☆「愛的共時校準」練習

與白狗能量相關的日子，建議可以做天愛氣功裡的「十字功」。這個簡單的功法，讓你可以清理內在，向他人懺悔，同時也寬恕接納自己。當心的空間被清理乾淨，就有更多的可能讓愛進駐。天愛氣功的十字功與開心功相輔相成，在紅龍波介紹過「十字功」*，在這裡介紹天愛氣功裡的「開心功」。

開心功影片

### 開心功

心連結神聖本源，也連結萬物眾生，過多的思慮跟感官刺激都會削弱來自心、或者聖靈的聲音。藉由簡單的功法向更高的意識敞開心輪，協助我們回到本心。

請在一個不被打擾的安靜空間，讓自己舒適地坐著，將背脊挺直，雙臂 45 度朝上打開，頭微微仰起，象徵承接來自宇宙的恩典。這是一個很滋養心輪的功法，當你覺得自己需要更高頻率、需要愛的滋養時，就可以做開心功，讓心輪敞開接受來自上天的愛。若做十字功法後出現強烈的情緒，或者覺得疲累，可以做開心功來讓自己得到滋養。這是個好好愛自己的功法，任何時候只要覺得有需要，都可以習練。

---

*請參閱〈1. 起源：我從哪裡來？——紅龍波〉）

# 15. 直覺：從心出發的豐盛
## ——藍夜波

太陽圖騰：藍夜（第 15 個波符，圖騰序號 3）
關鍵字：豐盛、夢想、直覺

德隆瓦洛在他的著作《地球大拙火——追尋地球能量的 12 次任務》裡，最後一個任務是到紐西蘭瓦塔哈人／毛利人的部落，去參與一個「集體做夢」的儀式。瓦塔哈人比毛利人更古老，可回溯至數萬年前的列木里亞（姆大陸）。對瓦塔哈人來說，做夢不只是晚上的影像，如果是在儀式中做的夢，那就是未來的真相。

澳洲大陸中央的原住民安納古（Anangu）人，也有類似瓦塔哈人的作夢傳承。他們的古老傳承叫做「祖科巴」（Tjukur-pa），透過口傳的故事、歌曲、舞蹈、儀式與聖地來教導「祖科巴」。英文將祖科巴翻譯成「作夢」（dreaming）或是「作夢時間」（the dreamtime），但對安納古人來說，祖科巴跟我們所說的夢並不一樣，而是日常生活中指引族人的生活哲學，這不只是古老的神話故事而已，它是掌管各個面向的傳統中所有法則的基礎。

通常我們在夜晚睡覺做夢，相對於白天，夜晚總是帶著神祕，代表潛意識。潛意識映射出真實的自我，面對真相是推動成長的重要動力，所以白鏡（下方）（圖 15-1）是藍夜的隱藏推動力量。暗夜讓人小心翼翼不敢行動，深怕遭遇不可知的風險。但黑夜裡也蘊藏著無盡的豐盛，在暗夜中行動是很大的挑戰，而紅天行者（左邊）在不同空間移動，挑戰了藍夜的限制，也擴展了藍夜的可能性。黑夜擁有強大的力量，如果能無所畏懼往未知前進，將得到意想不到的豐盛。黃戰士（右邊）無懼的

15-1 藍夜的印記組合

支持力量，是藍夜所需要的。黃戰士圖騰的問號也是連結的天線，藍夜的直覺幫黃戰士接好天線，黃戰士的無懼，幫助藍夜信任自己的直覺與豐盛。

## 霍皮族的預言

美國亞利桑納州霍皮族台地
2010 年 10 月 15 日 kin 190 銀河白狗，藍夜波

2010 年 10 月，我在美國瑟多納參加德隆瓦洛的地／天工作坊。課程結束後，我又多停留了幾天，想要好好看看這個全美最著名的能量聖地。單獨旅行的我，既不會開車，事前也沒有任何計畫，沒想到順著直覺而行，竟促成了一趟意外的豐盛旅程。

搭了便車到鎮上的旅遊中心，就在一堆色彩鮮艷、圖文並茂的傳單裡，我被一張鮮黃底色黑字印刷的樸素小卡吸引住，上面寫著「Hopi Mesas」（霍皮族台地之旅），主辦者是 Way of the Ancient（古老道途），附標是「與靈性道路上的戰士一起旅遊聖地與聖水」，由一位印第安原住民嚮導帶領，將與我們分享許多原住民的智慧與故事。

Hopi ？是那個很有名的霍皮族嗎？難道在這附近？

說實在的，當我決定要參加這個行程時，我並不清楚霍皮族台地在哪裡，也不清楚霍皮族的故事，我會知道霍皮族，是因為曾看過影片提到這個古老的北美原住民，他們有塊祖先留下的岩碑，預言出地球的未來。如同馬雅人被稱作「時間的守護者」，霍皮族人則被稱為「智慧的守護者」。霍皮族人跟馬雅人一樣，相信這個世界已經毀滅和再生了很多次。

後來我看到在《水晶頭骨之謎》一書中提到霍皮族的預言：

時機適宜的時候，馬雅人將把南美洲和北美洲所有的原住

民部落召集到一起。在那以後，如果人類作出正確的選擇，原住民將帶領世界進入一個新的與自然和諧相處的時代。

霍皮族是個很古老的部族，他們住在亞歷桑納州東北部乾旱貧瘠的平原上，生活方式和他們幾千年前的祖先差不多，數萬年來他們的預言經由口述代代流傳下來。他們至今仍保有兩塊岩碑，據說這兩塊岩碑是造物者在時代初始所賦予他們的。霍皮族人所居住之地被認為是北美大陸最古老且一直有人居住的地方。

1986 年在阿拉斯加舉行的北美原住民會議上，美國原住民的精神領袖李布朗，解釋了霍皮族擁有岩碑的由來以及被賦予的使命：

很久以前在這個週期開始之時，偉大聖靈（Great Spirit）將地球上的人們聚集起來，祂告訴人類，要分派他們至四個方位並且變成四種膚色，並給每個人種一些原始教導。當大家再次聚在一起時，將會彼此分享這些教導，如此人們將會活下來，並且在地球上享有和平，一個偉大的文明將會誕生。偉大聖靈給每個人種各兩塊岩碑，並警告他們不要棄之不顧，如果四方中任一個兄弟姊妹將他們的岩碑丟棄在地的話，不只人類將處於艱困之中，連地球本身也會滅亡。

偉大聖靈給了我們每個人種一個責任，我們稱為守護權。祂給予印第安人（紅色人種）「大地」的守護權。在這個時代週期中，我們將學習有關大地及植物的教導，包括食物以及有治療作用的草藥。這樣當我們回去與其他兄弟姊妹再次相聚時，我們可以跟他們分享這些知識，地球會因此而受益。

在南方，祂給予黃種人「風」的守護權。他們將學習有關天空和呼吸，從而將之用於內在以達到靈性進展……對於西方，祂給予黑色人種「水」的守護權。他們將學習水的教導，成為最謙遜以及最有力量的。

在北方，祂給予白種人「火」的守護權。如果你觀察許多

白種人所做事物的中心，你會發現火……火會消耗，也能移動。這也就是為什麼白種的兄弟姊妹們開始在地球表面移動，重新將我們聯合成人類大家庭。

到了約定的日子，我依約到了集合地點，這個印第安原住民的嚮導兼司機泰德看起來是個白人，同行的還有一對美國夫妻。泰德說，其實他是來自北方蒙大拿州的印地安人，所以比較高大、皮膚也白，而且他並不是純種印地安人，帶有白人的血統。但是在很小的時候就被選中施以特殊訓練，以成為部落中的祭司，因此他知道很多古老的印地安傳承與儀式，沿途除了在適當時機帶領我們做儀式，也告訴我們許多印地安人的故事。

霍皮族所剩人口不多，大約是一萬到一萬兩千人，集中在三個獨立的台地上。在霍皮族文化博物館裡，我看到以前的一些老照片，其中有幾張是霍皮族婦女努力磨玉米的樣子，我彷彿看見自己也是其中的一份子，正蹲坐著努力磨玉米。霍皮族的名稱（Hopi），意思是和平的小矮人（the peaceful little ones），也許魔戒裡哈比人（Hobbit）的靈感就是來自於霍皮族呢！

霍皮族台地距離瑟多納有好幾百公里之遠，當我們來到第一台地（First Mesa）時，隨著霍皮族嚮導進入到最古老的瓦匹村（Walpi），千年前霍皮族人生活的樣貌仍保存完好。瓦匹村是整個霍皮族台地裡我最有感覺的地方，目前已經無人居住，所以是個活的展示博物館，只有在祭典的時候才會使用。

當我一踏入瓦匹村，天空中立時出現了四隻烏鴉，「四」在印第安原住民中具有很重要的意義。印地安人相信我們現在處於第四個世界（Forth World），當第三個世界被摧毀時，那些聽從預言的印地安人就被指引到安全的地下世界。當第四世界被創造之後，他們就聚集到四個角落（Four Corners）這個區域，亦即猶他州、科羅拉多州、亞歷桑納州、新墨西哥州四州

交接之處。「四」也代表了大自然的四個元素：地、水、火、風，以及人類的四個種族：黑、黃、白、紅。

我感受到這個無人村落散發出一種難言的神祕氣息，沒有人類生活的痕跡，卻有神靈的臨在。霍皮族人的生活以儀式為中心，所以霍皮族的曆法是以祭典為依據。有個有趣的連結是西藏與霍皮族。西藏在地球上所處位置的對面（穿過地心），就「正好」是霍皮族保留區。霍皮族人跟西藏人有許多儀式都很類似，例如他們都會在儀式中製作沙壇城，並且在儀式結束後摧毀。而西藏語中的太陽就是霍皮族語的月亮，而霍皮族語的太陽則是西藏語的月亮。更妙的是，霍皮族人與西藏人，長得還蠻像的！

## 宇宙送來的大峽谷之旅

2010 年 10 月 16 日 kin 191 太陽藍猴，藍夜波

在這趟依直覺而行的藍夜波裡，宇宙給了我另一個大驚喜。

就在去完霍皮族台地的隔天，我意外去了大峽谷，而且不花一毛旅費，還有專人專車接送導覽，完全體現了藍夜波符的關鍵字：夢想、直覺、豐盛！

在瑟多納時，我根本就不知道原來舉世聞名的大峽谷其實並不遠，到了霍皮族台地時，同行的美國夫妻與導遊泰德，對我沒去過大峽谷都覺得不可思議，他們連聲說：「這是世界七大奇景耶！怎麼可以不去？既然妳都已經到附近了，一定要去感受一下！」雖然內心有種被牽動的感覺，但由於支出已超出旅遊預算，讓我不免有些猶疑，所以就暫且擱下。回程的時候，泰德突然說：「我明天本來要帶團，突然取消了，你要是想去大峽谷，我就帶你去！」同行的夫妻大聲歡呼，直說：「這是神的安排，太棒了！」

於是，就在「半推半就」下，有了這趟大峽谷之行。

說實在的，單獨和一個老外（真的是很老的外國人）出遊，我不免有點擔憂，若在「正常狀況」下我肯定不會答應。但不知怎的，我的內在直覺告訴我，泰德是個值得信任的人，而我跟印第安原住民似乎有種特殊的連結。於是我允許自己冒險，和一個才認識一天的陌生人，一起開展一天的旅程。

泰德是此區的導遊，有無限制進出的導遊卡，因此我們可以免費進出各個景點。當車子開始進入山區時，路旁突然出現了一片山楊樹林。在這次美國之行出發前，我「正好」在電視上看到一個美國的旅遊攝影節目，「正好」就是去大峽谷，並且「正好」就拍攝到時值秋天的山楊樹林。當時我就對那潔白帶著斑駁黑點的樹身、綴著片片因秋霜而變成金黃樹葉的絕美景致印象深刻，沒想到竟然就在我眼前出現！

由此我更清楚地知道，這趟大峽谷之旅絕不只是巧合，因為出發前的預兆又再次顯現，而那時我根本就沒有預期要到大峽谷！

泰德說，對於北美原住民而言，大峽谷是最重要的聖地，比起來瑟多納算是小咖，現在仍有些部落隱居在大峽谷的底部，從來不進入西方世界。當我在觀景台看著大峽谷的地標圖時，上面的名稱竟是埃西斯神殿、佛陀寺院、埃及大金字塔、印度教三大神之一的毗濕奴⋯⋯世界各地的古文明聖地都在此集合了！

印第安原住民可能真有某種連結的本事。當泰德送我回去時，一進到住宿地點的園區，他要我不要告訴他房子的正確位置，只要把我的手放在他的手臂上，他就可以「看見」⋯⋯那是個不算小的園區，結果他竟然正確無誤沒走任何冤枉路，就直接找到我住宿的小屋！也許他也「看見」了我與這些聖地的連結，擔任一天的宇宙信使，送給我一趟豐盛的夢幻之旅吧！

## ☆ 從波符認識太陽圖騰

第 15 個波符：藍夜波 kin 183 ～ 195（磁性藍夜～宇宙藍鷹）
太陽圖騰：藍夜（圖騰序號 3）

馬雅的卓爾金曆中，對應藍夜圖騰的是 AKBAL，意思是房子、暗夜、奧祕之地、心與內在器官。

## ☆ 「愛的共時校準」練習

### 用植物精油開啟潛意識的大門

在藍夜的能量流裡，可以運用植物精油的力量，幫助我們引發夢境，加強直覺力。可以使用像大西洋雪松、喜馬拉雅雪松或快樂鼠尾草精油，協助開啟潛意識的大門。

使用方法如下：

睡前一小時可以開始使用。

以擴香的方式，或用一滴純精油滴在床頭（可以滴在衛生紙上，放在枕頭邊），在心中提出想問的問題，然後去睡覺，讓夢境回答你的問題。

將紙筆放在床邊，醒來時可以很快地寫下夢境內容，否則一起身後夢境很快就會忘記。

請注意，如果在睡前飲酒，請不要使用這個方法，有可能會引發惡夢。

### 21 天豐盛冥想

美國靈性導師狄帕克・喬巴拉（Deepak Chopra）的 21 天豐盛冥想，裡面運用梵咒唱誦、正面肯定句，以每天一個任務的方式，讓人們改變慣有匱乏的思惟習性，進入豐盛之流裡。有許多人發起 21 天豐盛打卡活動，可以跟著一起團練，也可以運

用公開免費的資源自行練習。有好幾個中文版本的「21 天豐盛冥想」Podcast 頻道，請在網路上以關鍵字搜尋，並尋找適合的版本，或加入自己覺得適合的社團一起練習。

# *16.* 思辨力：為何而戰？
## ──黃戰士波

太陽圖騰：黃戰士（第 16 個波符，圖騰序號 16）
關鍵字：智識、提問、無懼

　　黃戰士的圖騰很有意思，一個像電燈泡形狀的圖案，裡面的燈絲是個大大的問號，暗示著對黃戰士而言，「提問」是生命裡很重要的過程。

　　帶領我進入馬雅古老智慧的馬雅祭司米格爾說：「馬雅人的信仰裡有兩大支柱，一個是愛，另一個是智慧。」透過不斷地練習與體驗，去學習如何讓心說話，透過不時去省思：「我是誰？我在哪裡？我在做什麼？」隨時回到當下，時刻在覺知之中。黃戰士從自己的內在提問中，找到智慧。

　　每次開課的過程中，學員會提出各式各樣的問題，從問題可以知道提問者現在「在哪裡」。有些人在提問之前，不會先去思考可能的解答，只是率性的丟出問題，等著別人給出答案。遇到這樣的提問者，通常我會引導他去思考，自己是否可能已經有答案？或者是請他依據一些原則，自己來判定怎麼做才是最適合的。許多問題並沒有所謂的「正確答案」，也就是沒有所謂權威的單一解答，唯有透過自己沉澱思考之後，這個教導才是屬於你的，也才能從提問中得到智識。

　　透過訓練自己思辨的能力，為自己的生命負起責任。這是個多變的世界，我們很難再滿足於單一的標準答案，當越來越多的可能性出現，答案也變得多元。在不同情境下彈性運用準則，就像戰士們在戰場上要隨機應變，運用不同的策略應戰，並沒有一套標準流程，可以「以不變應萬變」。不願意為自己

做決定的人，很容易就陷入受害者模式，總覺得是他人造成自己現在的處境，忘記了自己本來就有的力量，而把生命的主控權交給了他人。

在內心提問「為什麼」，嘗試去明白事件的真相，至少不是盲目地接受。當提問被開啟，內在就會開始梳理。提問是對自己，也是對他人：對外讓事情可以更好地完成，於內可以更深地探索內在，就像愛麗絲的兔子洞，你想進入多深，取決於你的意願。

古馬雅曆法裡，黃戰士圖騰代表宇宙原力，具有與銀河意識溝通的能力。圖騰中間的大問號，左右與上方各有三條橫線，代表著和宇宙溝通的天線。因此黃戰士的關鍵詞「智識」，不僅是頭腦裡的知識，更重要的是與宇宙連結而生的智慧。

## YACHAY：與宇宙智慧合一

在印加太陽之子的智慧傳承裡，YACHAY 這個字代表的是「與宇宙智慧合一」。Yachay（音：亞恰）不僅是學習而來的知識，也是你與內在的真實自我連結而產生的智慧。Yachay 來自於內在太陽，與心共同跳動著。所以活出 Yachay 的生命，是沒有限制、沒有受苦，完全自由的生活。當愛的力量與清明的心智結合，真正的智慧就會出現。

Yachay 是迴文，亦即從左至右、或從右到左唸都是相同的。這代表著你的智慧與太陽的智慧一樣，與萬有相同。所有的智慧是合一的，就像同一個心智，同一顆心。智慧必須從心去經驗與明白，而不是從頭腦去理解。智慧來自於對你內在靈性自我的知曉，直接與神性連結，與宇宙的智慧合一。

這張印加神諭卡（圖 16-1）顯示的是蛇身禿鷲頭，蛇代表的是釋放的過程，最後成為禿鷲，能看見更大的視野。我們經歷蛇的過程，透過接納、不執著、學習分辨，最後像禿鷲一樣擁有與宇宙合一的智慧，黃戰士的隱藏推動就是紅蛇（下方）（圖

16-2）。黃戰士圖騰的「帽子」上連結的是天線，內在的提問就是與更高智慧連結的方式，藍夜（右邊）的直覺幫黃戰士接好天線，支持黃戰士。在前進的過程裡，勢必有各種難關、甚至有可能遇見死亡，白世界橋（左邊）帶來的挑戰，可以讓黃戰士有機會檢視自己內在的信念，在確立之後更能無懼向前。

## 的的喀喀湖的太陽盤

2012.12.12 的的喀喀湖，開啟星際之門＆太陽盤儀式
（kin 198 電力白鏡，黃戰士波）

2012 年 12 月，和幾位友人一起參加國際團，那是我第一次到秘魯，主要是為了參加 12.12.12 的慶典。第一次去南美安地斯山高地，除了高山症外，還有許多的不適應。我與同行夥伴在出發之前，已經有許多狀況，在我心裡一直有許多疑惑，但對方沒有明說，我也因為不願面對而不敢多問。

在這殊勝的一天，來自世界各地兩三百位心靈工作者，齊聚在地球大拙火所在之處，一起啟動星際之門，榮耀太陽父親與銀河中心太陽，重新啟動的的喀喀湖裡的太陽盤。在更高的層次裡，我們將內在太陽校準銀河中心，同時也點化了自己的心。

太陽盤是什麼？傳說曾經有位來自星際的大師，將禮物顯化成太陽盤，並帶到了古老的列木里亞。在列木里亞揚升後，兩位大師阿拉姆穆魯（Aramu Muru）與阿瑪拉馬拉（Amara Mara）負責將太陽盤帶到太陽之子的國度。在太陽盤的前面，第一個印加人成為馬爾庫・卡巴卡（Mallku Capac），也就是第一個統治者。馬爾庫的意思是指能夠飛翔的人，因為他沒有任何抗拒，所以能如其所是的成為真正的自己。馬爾庫沒有小我，這不僅只是一個稱呼，也代表意識的狀態，代表記得自己真正的力量——卡巴卡（CAPAC），知道所有的力量，從太陽、星辰、地球母親、四大元素……等而來的力量，都在你之內。

6.5 YACHAY

16-1 印加神諭卡
〈YACHAY〉

現在這個威力強大的太陽盤，被放置在的的喀喀湖裡。根據傳說，列木里亞的大師們守護著太陽盤，等待新時代的來臨以再次啟動，協助人們活出「愛、服務與智慧」的生活。太陽盤並不是以實體物質的方式出現，而是以特定的頻率啟動相信太陽盤的人們。

慶典結束後，我們繼續驅車前往玻利維亞，進入這個南美洲唯一的內陸國，準備踏上著名的太陽島（日之島）與月亮島（月之島）。傳說地球大拙火所在之處，就位在玻利維亞太陽島附近，而我們來到太陽島的這一天，竟然是超頻黃太陽的日子（2012.12.14 kin 200）！

高靈克里昂在其第十三冊《人類進化的重新校準》中說到，祂在 1989 年就已經給出訊息，地球的智慧將把地球的中心從北方換至南方，但不是實際層面的移動，而是智慧的重新校準。這次的重新平衡是西藏與印度智慧的重新校準，智慧中心將緩慢流向玻利維亞與秘魯地區，其中心點會在的的喀喀湖及日之島附近……許多原住民稱這次重新校準為地球的「拙火移動」，也因為地球能量有這樣的轉變，越來越多人很自然地感受到來自南美洲這塊區域的召喚。

## 蒂瓦納庫的風暴

2012.12.16 玻利維亞蒂瓦納庫（kin 202 共振白風，黃戰士波）

16-2 黃戰士的印記組合

蒂瓦納庫是此行最後一站，在出發之前帶團老師就告訴我，這次的聖地之旅隨著旅程進行，能量會越疊越高，在蒂瓦納庫的時候達到最高峰。

蒂瓦納庫距離玻利維亞首都拉巴斯大約是三個小時的車程，這裡位處四千公尺高的安地斯山脈，廣袤無邊的高原上人煙稀

少，看不到什麼經濟活動，自然也沒什麼觀光客。我們居住的旅館非常簡單，將近四千公尺的高原夜晚溫度陡降，但是因為電力不足，所以沒暖氣沒熱水。當我全身發抖裹著棉被準備睡覺時，夥伴卻在此時向我坦誠隱藏在心中半年的祕密。我難以置信地聽著他說著過去半年的種種發生，雖然驗證了過去那段時間裡的諸多懷疑，內心卻像在山區道路上突然被車燈照到的小鹿，因為驚呆了而沒法做出任何反應。後來才發現，那天能量流是共振的白風。在黃戰士波符的白風日，夥伴終於勇敢無懼地說出內在的真實。當祕密被揭露，我也必須面對自己的真實。

隔天一早，我們有自由時間各自去探索蒂瓦納庫，進行每個人各自的點化儀式。宇宙的安排如此巧妙，幾個小時之前，我才知道這個被隱藏半年的祕密，而我也在此經歷了一場掏空內外的洗禮。平時看似鎮定冷靜沒有太大情緒反應的我，此時獨自一人邊走邊哭，天氣似乎也呼應著我的悲傷，微風細雨變成了強風大雨，所有憤恨悲傷痛苦的情緒排山倒海而來。就在這樣巨大的能量場裡，我像個偉大的戰士一般，在風暴中尋找自己的真理。

多年之後，當我輸入那天的日期（圖16-3），赫然發現那天的能量流竟是如此共時：主印記白風的溝通，讓深埋許久的祕密終於被揭開；當日的強風大雨，外在的風暴呼應著內在衝擊，完美詮釋了藍風暴隱藏推動的力量。紅地球共時導航的支持，與白巫師往內看的靜心引導，讓我得以承接黃人（正是夥伴印記）給予我的挑戰！

看到這裡，是否讓你有股衝動，想要把過去曾經發生過重大事件的日期，以13月亮曆法

16-3 黃戰士波，kin 202，共振的白風
（資料來源：13:20:Sync）

16-4 印加神諭卡〈康提基石柱〉

來看是位在什麼能量流呢？試著以這樣的觀點去重新看待生命中的重大事件，也許你會在裡面看到宇宙要給你的真正禮物。

## ☆ 從波符認識太陽圖騰

第 16 個波符：黃戰士波 kin 196 ～ 208（磁性黃戰士～宇宙黃星星）
太陽圖騰：黃戰士（圖騰序號 16）

馬雅的卓爾金曆中，對應黃戰士圖騰的是 CIB，意思是宇宙原力、與銀河意識接觸與溝通的能力。

## ☆「愛的共時校準」練習

在印加神諭卡裡，有一張牌卡很適合做為黃戰士能量的共時校準練習——2.3 Kontiki 康提基石柱（圖16-4）。

〔關鍵訊息〕有愛，就沒有恐懼。

康提基（Kontiki）石柱就位在蒂瓦納庫，而 Kontiki 由兩個字組成：Kon 是神聖能量，tiki 則是大地能量。Kontiki 代表著將兩個能量結合在一起。

每天早晨，我們以問候自己來開啟這一天，如何啟動新的開始、新的週期、新的一天？將右手放在心上，從心中去分享，告訴自己「帶著愛」；接著將左手放在太陽神經叢，將恐懼之門關閉，告訴自己「沒有恐懼」。在臨睡之前，也可以用這樣的方式，將右手放在心輪，左手放在太陽神經叢，去感受手心傳達給這兩個脈輪的溫暖，提醒自己「有愛，就沒有恐懼」。

當我們願意放下，我們就能關閉恐懼之門。每天花一點時間去覺察，就能幫助你與真實自我保持連結。這個姿勢代表我們記得自己的本質，我們就是光。

## *17.* 情緒：流動、療癒與淨化
## ──紅月波

太陽圖騰：紅月（第 17 個波符，圖騰序號 9）
關鍵字：宇宙之水、淨化、流動

曾經，我以為自己是個理性、沒什麼情緒的人。後來有位療癒師告訴我，其實我不是沒情緒，而是習慣把情緒藏起來，久而久之負能量就累積在身體裡。剛到印度靈修的前兩年，曾經在喜馬拉雅山區做過阿育吠陀 Panchakarma 排毒與回春療法，Pancha 是五的意思，也就是透過五種方式來做療癒。其中的穴道指壓療法叫 Marma，治療師會用小木杵疏通經絡點，做過腳底按摩的人就知道，那種小棒子戳在經絡不通的地方時是呼爹喊娘的痛。

我從來沒跟治療師提過生命裡發生過什麼事，但她做完檢測後的診斷，幾乎就跟算命師一樣準確。第一天處理左邊，醫生說我有許多恐懼的情緒，尤其是有「恐愛症」（lovephobia），內在有許多的悲傷；第二天處理右邊的身體，原本以為是憤怒會出現，沒想到是更深的悲傷。第三天是兩邊一起來，身體的痛自是不在話下，但更痛的是強烈的悲傷突然蜂湧而出，我持續狂哭了約二十分鐘，心中不斷大喊：「這不是我的錯！這不是我的錯！」腦中不斷閃現過往失敗關係中那些痛苦的畫面……

接著內在另一個聲音出現：「這些都過去了！你是完全被愛、被保護的。」在話語的溫柔支持下，我的情緒漸漸平穩下來。在做 Marma 療程的時候，許多累積在身體深處的情緒會浮現，那些原本以為早已了結的事情，竟仍然存留在身體的記憶裡。因此每隔一段時間最好可以做較為徹底的排毒療法，像是斷食

17-1 紅月的印記組合

或辟穀，對於身心整體淨化有很大的幫助。

在 2012 之後，生命進入了另一個階段，學習如何與個性截然不同的夥伴相處，成為我最大的課題。夥伴和我的星盤裡有多顆星位於對宮，就像光譜的兩端，不難想像在面對同一件事情時，我們的反應完全不同。比方說在面對突發狀況時，不喜歡衝突的我，先試著釐清狀況的冷靜在他眼裡成了冷漠，而他的急躁易怒則讓我覺得更需要壓抑自身的情緒，以免狀況一發不可收拾。

情緒是強大的能量，往內壓抑並不會消失不見，負面情緒的後座力常在之後才慢慢顯現。長期下來，當我還來不及紓解前一個情緒造成的擾動，後面的情緒又來到，於是我開始有了長期脹氣與消化不良的困擾。我試過各種方法，諸如斷食、葛森療法、生酮（低醣）飲食，也看過各種中醫，但效果始終有限。直到有次長途旅行回來，我生了一場大病，狂咳了一個多月（咳嗽與失聲，也是有話說不出口的表現）。我告訴自己，再也不能這樣下去了……我開始重拾瑜伽練習，把好幾年來未曾流動的經絡筋骨，慢慢放鬆舒展。當我開始願意讓身體流動，許多東西也開始鬆動。後來陸續又加入幾種不同的淨化與流動的方法，身心開始越來越輕盈。

流動，才能循環；當流動停滯，淤塞就會產生，最終就是死亡。一池靜止不動的水，只會慢慢乾涸甚至變質，不可能匯聚成江河，更不可能回到大海的源頭。當身體、情感、物品、金錢、能量……等各個層面開始流動，才能聚合成更大的力量。流動，並不會失去；相反的，付出與接受，就像太極圖裡陰與陽的共舞，是生命的起源與動力。

紅月的支持力量是白狗（右邊）（圖17-1），代表愛與忠誠，全然的愛自己、接納自己，進而有能力將愛的能量傳送給他人，有了白狗之愛的支持，紅月可以安心的讓情緒流動與淨化自己。紅月需要黃人（下方的隱藏推動）做自己的勇氣，讓情緒流動，自在地表達自己。情緒風暴（左邊）威力驚人，淨化能量也特

別強大，如此才有可能將最難解的桎梏消融。過程中雖然會有許多衝撞，在徹底淨化、雨過天青之後，月亮將再次展現溫柔之光。

## 女人與月亮

女人與月亮特別有連結，原因之一是女人有經期，所以女人的身體覺受會自然地與月相連結在一起。13 月亮共時曆是個充滿陰性能量的曆法，除了以月亮週期為指引，曆法裡的和諧、平衡、自然與包容，都是神聖陰性的品質。

社會企業家林念慈在自傳《女，走往身體的朝聖》一書中，提到月經與月亮的關係。在發明燈泡之後，女人慢慢地與月亮失去了連結，她在書中提到「白色月亮與紅色月亮的教導」：白色月亮指的是「在新月流血，滿月排卵」，意味著身體與自然萬物同頻共振，能量狀態是向內的。在 28 天裡最黑的一天休息流血，在滿月時排卵，準備受孕讓新生命來到地球。而紅色月亮，則是「在滿月流血，新月排卵」，能量狀態是向外的，富有強大的創造力與工作上的行動與實踐，生育下一代顯然不是此時的生命核心，而是孵育新計畫、新點子，將創造力顯化於地球上。

親愛的女人們，可以觀察看看自己的月經週期與月亮的關係，並覺察自己的生命狀態，也許會讓你對自己有更多的了解喔！

## 安地斯山的神聖母親們

在安地斯山的文化裡，神性不是只存在於單一的面向裡，而是以成雙成對的陽性與陰性呈現，所以有神聖父親與神聖母親。神聖母親有許多的幫手或使者，崇敬神聖陰性是安地斯山的傳統，自然界的許多現象都是他們崇敬的對象，像是水之母親（Mamacoha 媽媽科恰）、月亮母親（Mamakiya 媽媽其雅）、

風之母親（Mamawayra 媽媽偉拉）……等。與紅月圖騰有關的是媽媽科恰與媽媽其雅。

### 媽媽科恰（Mamacoha）：水之母親

情緒、水與月亮，有很大的關聯性，所以在南美安地斯山原住民的傳承裡，他們認為水之母親是情緒與感受的指引，他們稱呼湖、海為媽媽科恰（Mamacoha）（圖17-2）。科恰就是湖、海，生命從這裡開始。她代表神聖母親，帶來感覺與情緒，最重要的，她帶來了愛，代表的是不同形式的生命與光。媽媽科恰指引著我們的情緒與感受。當我們在湖邊或海邊時，可以邀請水之母親，請她帶走你的負面情緒，或者祈請她的包容，將內在需要被理解的部分，向水之母親訴說。

17-2 印加神諭卡〈水之母親〉

### 媽媽其雅（Mamakiya）：月亮母親

當夜晚來臨，太陽父親的光消失時，月亮母親就把光帶入世界，同時也帶來直覺之光。月亮的陰性之光力量強大，在各個傳統裡都很重視月亮母親的力量（圖17-3）。在庫斯科太陽神殿裡有塊黃金碑，上面雕刻著月亮、太陽、星辰以及人與動物。裡面有一男一女，女人站在男人前面，而且體型明顯較大。在宇宙中，女性似乎更為重要，因為所有的創造都與陰性面有關。

海中的潮汐與月亮有關，人們的情緒也常受到媽媽其雅的影響。媽媽其雅的光，是從太陽父親的光反射映照而來。太陽父親需要月亮母親將光照射在大地之母上，以得到陰性面向

17-3 印加神諭卡〈月之母親〉

的品質，陰與陽結合才能共同創造。

### 生活中的紅月能量

月亮是離地球最近的星體，所以對地球的影響也特別明顯，自然界的潮汐、人們的情緒，都受到月相的影響。比方說，2022.12.13（kin 209 磁性紅月）是紅月波的開始，當時四處奔波的我，突然很想要泡澡，看到當日能量流是雙重的紅月能量，當下即明白自己需要流動與淨化。隔天是 kin 210 月亮白狗，內在直覺指引我去好好泡個淨化浴鹽澡，讓自己更深地進入內在對話，好好的愛自己。越常處在共時校準的狀態裡，你的感知就越容易與這些提醒共時，曆法將與你的生活融合為一。

遠古的人類生活在大自然裡，對於自然現象有一定的感知。現在大部分的人雖然住在城市裡，仍然會受到自然元素相關頻率的影響。比方說，你是否注意過，滿月時情緒特別容易起伏？如果與紅月印記／波符剛好是同一天，在雙重月亮的能量影響下，月亮對我們的影響力將更大。如果平日就能留意這些自然現象，那麼對於自己的身體、情緒，甚至周遭人事物的變化，就能更敏銳，也更能覺察到許多情緒與念頭，也許根本就不是自己的，而是受到了影響。當我們能認出這些不同的影響時，我們就知道如何去對應，也或者不需做什麼，就讓這些能量靜靜的流過。這就是為什麼與自然連結的曆法如此重要，我們每個人都是由這些自然元素所構成，自然曆法可以提醒我們，怎麼依時順令地過生活。

### ☆ 從波符認識太陽圖騰

第 17 個波符：紅月波 kin 209 ～ 221（磁性紅月～宇宙紅龍）
太陽圖騰：紅月（圖騰序號 9）

馬雅的卓爾金曆，對應紅月圖騰的是 MULUC，意思是雨滴、覺醒意識之門的宇宙種子、更高生命的溝通與擴展法則。

## ☆ 「愛的共時校準」練習

### ＊安地斯山月亮小儀式

我們可以運用月亮的力量來做一些小儀式。滿月時我們可以拿一些新鮮的薄荷（或是有療癒效果的香草），先碰觸大腳趾、腿、一路沿著身體往上到頭頂，然後朝著月亮的方向，對著香草束吹氣，然後說「LLOC SEN, LLOC SEN...」（發音像是「優可－桑」），也就是「拿掉、拿掉」的意思。然後可以將香草束吹向月亮，或者丟往身後，象徵著「將不想要的部分丟掉，請它離開」。最重要的是意圖，讓月亮帶走不想要的東西。

新月時我們可以立下新的意圖。先對月亮表達感恩，謝謝她協助我們顯化新的事物，從女性的感性面來創造。當我們做儀式時，可以準備一些花瓣，並且把意圖放入其中，當做是我們表達感謝的奉獻。

### ＊生活裡的水儀式

在安地斯山高地區，水代表的是西方，是形成生命的重要元素，充滿了智慧。有時候水會靜止，直到有足夠的力量才會開始流動；水也會蒸發、凝結後降落成雨。但不管如何，最後水都會流到媽媽科查（湖、海之母親）。

當我們在湖泊或是海的前方，可以向當地的守護靈祈請，請求祂們的協助。祈請有各種不同的方式：有人朝四個方位打開神聖空間，有時候也可以只在三個世界工作（內部世界，這個世界與上部世界），或是只需要召請當地神靈的神聖名字（在不同的傳統中，通常稱呼會不同）。當我們以自己熟悉的方式連結聖靈後，可以召請水來協助我們。

做儀式時，非常重要的就是要「勾住」神靈的注意力，呼請神靈來注意我們。通常在召喚神靈時，我們會準備供奉的祭

品。請記得，一切都是互惠的，我們以祭品照顧聖靈，聖靈拿了祭品後就會照顧我們。當我們做祈請時，不需要任何特別的方式，只需要將雙手打開，將我們的愛傳送出去，然後將雙手形成「愛、服務與智慧」的力量三角形，放到肚臍的位置。

接著運用專注力，透過放在肚臍上的力量三角形，我們可以將想要的能量引入，或者將想要釋放的能量帶出。透過水而來的光與能量，將使我們更為強大，水可以輔助我們放下與釋放。有時候我們無法移走沉重的能量，是因為沒有足夠的力量，所以我們需要更多的光與能量。在秘魯的傳說裡，大蛇雅庫媽媽與沙恰媽媽需要水的幫忙*，才能釋放沉重的能量，最後成為彩虹與閃電。

當我們淋浴時，我們可以和水說話，不只是我們的肉身，也包括我們的情緒體。我們以同樣的方式來請求水的協助，向水祈請，將我們不想要的一切帶給媽媽科查，任何困擾我們的能量，讓我們憤怒、憎恨的東西，都把它帶走。如果你在河邊，或是任何大自然裡流動的水邊，力量將更為強大。如果有頭痛，可以到流動的水邊請求幫助，水將會帶走沉重的能量。我們也可以運用花瓣，將沉重的能量或者想要傳遞的訊息放到裡面，然後丟到湖泊、河流裡，水會幫我們傳遞訊息。

在這裡分享的是非常實用、不需特別訓練就可以做到的儀式，我們運用自己的雙手就可以達成，也可以運用力量權杖或者水晶，來協助我們釋放。最重要的就是意圖。運用意圖，我們能夠移動、拉取、吸收，與放下能量。任何時候只要覺得內在不是很舒服，我們就可以有意識地再次去感受，然後將這個能量送出去，比方說從腹部深深地吐氣出來，然後送到湖裡。

---

*參閱〈9. 身體：開啟生命原動力──紅蛇波〉。

# 18. 靈性：生命的氣息
## ——白風波

太陽圖騰：白風（第 18 個波符，圖騰序號 2）
關鍵字：靈魂、溝通、呼吸

馬雅人相信，神將「靈」吹進母親的子宮，就是人類受孕的時刻。沒有靈性，就沒有真正的生命。太陽圖騰白風，是神的呼吸與話語，透過居住在身體裡的我們和世界溝通。

白風與喉輪的力量有關。與人、與神靈、與萬事萬物的溝通，讓想說的話能順暢的表達，將自己的真實表達出來。喉輪也是表達創造力的地方，唱歌要從丹田發聲，歌聲才有力量，下腹部第二脈輪的創造力要從第五脈輪表達出來。有意識的連結第二脈輪與第五脈輪，像是梵唱或是呼吸法，都可以幫助保持連結管道的暢通，讓生活充滿活力與創意。

白風圖騰的支持力量是紅地球（右邊）（圖 18-1），風帶來神靈的指引，由紅地球經由共時性導航前進的方向，而共時性也經由白風的信息而確認。白風的溝通能力，遇上黃人（左邊挑戰／拓展力量）聰明的頭腦與我行我素，就需要好好的思考如何傳達想要說的話，當我們學會了有效的溝通，黃人的行動力與獨特的思惟，將使白風可以吹得更遠。風的級數有很多種，從不痛不癢的微風，到無堅不摧的暴風，透過藍風暴（下方）隱藏推動的力量，當白風從自己的核心發聲，將成為更有影響力的存在。

18-1 白風的印記組合

## 帕連奎的「伏藏」

墨西哥的帕連奎（Palenque）是我最喜愛的馬雅遺址，當我

第一次來到這裡，靈魂記憶被喚醒的震撼永難忘懷*。這裡和多次元世界之間的帷幕似乎特別容易穿越，「白風」的能量無所不在。

　　這裡最著名的遺址是碑銘神殿，以大量精美的馬雅文字雕刻而聞名，此地也是馬雅最重要的統治者之一帕卡沃坦（Pacal Votan）的陵寢。正對著碑銘神殿的是名為「宮殿」的建築群，在這裡會看到許多 T 字型的鏤空窗（圖18-2），所代表的含義就是聖靈。在馬雅遺址裡，常會看到鏤空的 T 字圖騰，當風吹進這些小小的聖靈之窗，彷彿在來訪者的耳邊低語著專屬於他的信息。來到帕連奎，可以深刻感受到白風的意義，神靈透過這裡的石塊、草地、風，和我們的靈魂對話。

　　在「紅皇后」史蒂芬・南（Stephanie South）的著作《開啟你的多次元自我》（*Accessing Your Multidimensional Self*，或譯為「獵戶瞳孔」）中，提到帕連奎裡的帕卡沃坦與紅皇后之墓，透過留在此地的「伏藏」，讓宇宙歷史的發展得以被世人所知。

18-2 帕連奎 T 字窗

---

*詳見〈2. 時間：永恆當下的多重宇宙——白巫師波〉。

伏藏是什麼呢？在西藏的傳統中，伏藏來自於蓮花生大士，他是藏傳佛教金剛乘的根本上師，他指示他的明妃伊喜措嘉，為了未來的修行者，要將伏藏埋藏起來，使這些珍貴的教法在預定的時間被掘取出來。因此伏藏與伏藏師的角色，就是寶藏的埋藏者與發現者。有各種不同的伏藏，有些是隱藏在地上，有些是象徵性的，有些是純粹心智的伏藏，只會在某個被隱藏的東西出現後才會被引發。在我看來，伏藏就是西方高靈訊息中所說的「時間膠囊」，由對的人在適當的時機取出。人類文明曾經歷過集體遺忘的陷落，古老智慧的重現，是為了協助人類進化，不再重蹈覆徹。

而帕連奎的「伏藏」是純粹心智的伏藏，就是兩個金字塔裡的墓室：帕卡沃坦之墓與紅皇后之墓。

## 帕卡沃坦之墓

帕卡沃坦之墓（圖 18-3）非常獨特，只有埃及吉薩大金字塔可以與之比擬，於 1952 年 6 月 15 日（kin 218 行星白鏡）被發現。1949 年人類學家艾伯特・魯茲（Alberto Ruz）在碑銘金字塔頂，注意到有個磚塊上有管子從地板上豎起，因而推測底下可能有其他東西。後來發現這根管子是從金字塔底部的墓室一路延伸而出，往上到樓梯，再到金字塔頂端。這根管子後來以「Telektonon」為人所知，亦即「地球聖靈的發聲管道」。

## 紅皇后之墓

在發現帕卡沃坦墓室之後的 42 年，1994 年 6 月 1 日（kin 194 水晶白巫師），在帕連奎發現了另一個墓室，就位在碑銘神殿旁邊。這個墓室被認為是紅皇后之墓，因為棺蓋的裡外都漆上紅色。當棺蓋被揭開時，紅色的硃砂粉末飄散四處，遺骸是女性，以奢華的玉飾、珍珠、半寶石與貝殼來裝飾。當時考古學家認定此人是皇族，應該是統治高層，因為這個棺蓋與帕卡沃坦的很類似。不同的是，紅皇后的墓室棺蓋完全沒有任何象

形文字的雕刻，因此無法證明她是誰，也沒有提到下葬日期，只有一個在墓室外面的陶器碎片，上面寫著日期 AD. 697。

### 兩個墓室：宇宙歷史的關鍵

墓室是跨次元通道的方舟，在兩個世界系統之間。它的預言是從一個時間通道的訊息與世界系統，到另一個時間與世界系統。

荷西博士透過心電感應，建構了整個時間法則的內容，而「星際馬雅心智傳輸法則」，就是奠基於這兩個墓室的發現。紅皇后的墓室就位在帕卡沃坦陵寢的旁邊，似乎是刻意地沒有任何文字圖形雕刻的紀錄，而這兩個幾乎完全相同的石棺都配備著雙胞面具（面具代表智慧的信號）。

男性墓室有許多文字，因此是有歷史的，女性則無，因此是「後歷史」、超越週期，等待著被記錄。代表著帕卡沃坦是傳輸者、印刻者，而紅皇后是接收者、未被印刻的。紅色是啟動的顏色，而皇后代表了陰性母體，從這裡產生或孕育生命，開出花朵。

### 紅皇后的伏藏

史蒂芬‧南在書中自述，宇宙歷史傳輸是透過男性與女性鍊金術式的結合而誕生的高等知識，當荷西博士與史蒂芬‧南（被稱為「瓦倫‧沃坦」Volum Votan 與「紅皇后」Red Queen）「聽見」宇宙歷史時，他們同時沉浸在一種看不見的力場，並且開始解碼心電感應的記憶與感知。荷西博士是「伏藏師」，或者說是發現隱藏珍寶的人。這個隱藏的珍寶，就是「紅皇后的伏藏」，是在一個週期結束而另一個週期打開的時候出現。

2011 年當我第一次來到帕連奎時，瞬間情緒潰堤，認出自己曾在此地有過很深的連結。當時我對馬雅的一切一無所知，而那時紅皇后的伏藏已被打開，心智能量流透過多次元的場域，

18-3 前面較大的為碑銘
神殿，帕卡沃坦墓室所
在之處；右手邊較小的
金字塔就是發現紅皇后
之墓的地方，草棚搭建
之處為入口。
（David Wang 攝）

進入造訪者的意識層裡。現在有越來越多的人開始學習 13 月亮
共時曆，這些原本被隱藏起來的智慧寶藏，已經逐漸流入地球
的心智層，在我們的世界顯化了！

## 白風波的聖地之旅

### 英國格拉斯頓伯里（2019.6.8 kin 226 超頻白世界橋，白風波）

　　英國對我來說，是個既熟悉又陌生的國度。我曾在英國念
書、工作，年輕時的我尚未接觸任何靈性學習，滿腦子只有金
融圈的種種，對於英國的聖地與神祕學則一無所知。這些年的
聖境之旅，就像是靈魂的回溯之旅，繞了地球大半圈，卻一直
沒有機緣重返英國。2019 年 6 月，終於再訪思念近二十年的英
國，除了向過往的歷程致敬，更想一探當年未曾經歷過的神祕

世界。

　　在將近一個月的旅程裡，當年帶著我走訪各地的英國大哥，這次依然勇不可擋的開車帶著我們，循著聖麥可之路的地球能量線，從最西邊海角的聖麥克爾山，經過格拉斯頓伯里（Glastonbury）、埃夫伯里（Avebury）、麥田圈博物館、巨石陣等等，我也重新整合二十年後的自己，以全然不同的感知再次親炙這個神祕之地。

　　這次的旅程中，最讓我懷念的不是舉世聞名的巨石陣，而是魔法小鎮格拉斯頓伯里與巨石圈小鎮埃夫伯里。當時並不知道正在白風波的能量流裡，但是很自然的在這個英國麥田圈出

18-4 格拉斯頓伯里高崗

現最多的場域，感受到神祕與奇幻的氛圍，彷彿 J.K. 羅琳筆下的精靈與神奇動物，隨時都可能冒出頭來打招呼。

　　格拉斯頓伯里是個名符其實的魔法小鎮，大街上處處有著讓學習神祕學與自然巫術者尖叫的店家，遠方的格拉斯頓伯里高崗（圖18-4），山頂上矗立著曾經是聖麥可教堂的遺跡，而整座山崗就是個立體迷宮，爬上高崗的過程，就是走入迷宮探詢內心的旅程。矗立在山頂的教堂遺跡，就像是插在地上的巫師權杖，在塔裡靜心彷彿接通天地連線，全身震顫不已。

　　後來我才發現，這天正是超頻白世界橋，當天的能量流自然橋接了「如上亦如下、如內亦如外」的世界。格拉斯頓伯里是著名的朝聖之地，主要是因為亞瑟王的傳奇故事。大約在1190 年，格拉斯頓伯里修道院的僧侶們聲稱發現了亞瑟和他的妻子關妮薇的遺骸，雖然歷史學家普遍否定其真實性，認為是僧侶們為了籌集資金、修復被燒毀的修道院所捏造的故事。不論這些故事是否為史實，所謂的神話，不也象徵了人類心智的一部分？

　　另一個傳說，則是在兩千年前，亞利馬太的約瑟（Joseph of Arimathea）在埋葬他的姪兒耶穌之後，從耶路撒冷帶著聖杯來到英格蘭南部，登陸之處就是阿瓦隆，並且建立了英格蘭的第一個教堂。阿瓦隆（Isle of Avalon）是亞瑟王傳說中的重要島嶼，凱爾特神話的聖地，古老德魯伊宗教的中心信仰。

　　在亞瑟王傳說中，阿瓦隆象徵來世與身後之地，是來世中神祕的極樂仙境，四周為沼澤和迷霧所籠罩，只能乘坐小船抵達。島上由精靈守護，沒有時間和歲月，一切都不會老去。傳說亞利馬太的約瑟來到此地時，將山楂木製成的木杖往地上一插，那時正是耶誕節，木杖卻奇蹟似的長成一棵樹，並且開了滿樹的花！格拉斯頓伯里修道院裡有一株山楂樹，據說正是源自於這棵聖樹。

　　而我最愛的則是地球心輪的聖杯之泉（Challace Well）（圖

18-5）。入口處的神聖幾何「魚形橢圓」（Vesica Picese）代表了光（圖18-6），類似眼睛的形狀也正是我們接收光的裝置。魚形橢圓代表了完美的均衡：包括天與地、物質與靈性。生命之花是由相互交鎖的魚形橢圓構成，一切的創造由這個最基本的幾何圖形開始展開。

這裡的泉水富含鐵質，泉水流過之處都是赤褐色的。傳說亞利馬太的約瑟，將耶穌的寶血以聖杯裝盛，後來就將聖杯藏在這裡，所以這裡的泉水才會是紅色的。聖杯之泉終年不竭保持恆溫（攝氏11度），曾經有人探測過，泉水來源不是來自於地表，而是從地球母親的深處而來。

荷西博士在《馬雅元素》裡寫到亞瑟王圓桌武士與阿瓦隆的傳說，以及西藏香巴拉戰士，和時輪金剛密續的關聯。不管是阿瓦隆、基督、天堂、羽蛇神的回歸……各種不同文化裡的神話與傳說，是否有可能都是同一個星際信息的不同演繹版本呢？

荷西博士所傳輸下來的時間法則，將各種不同的古老智慧與傳承，全都統合在時間法則的系統裡，除了證明人類本為一體來自同個源頭，最終的目的就是為了協助人們提升轉化，與銀河源頭校準共頻。

## 埃夫伯里巨石圈

（2019.6.9 kin 227 韻律藍手，白風波）

埃夫伯里巨石圈是世界上最大的巨石陣之一（圖18-7），據說此地是陽性與陰性能量線（聖麥可與瑪麗地磁線）交會之處，在這裡可以透過儀式來平衡陽性與陰性能量，也是古老的德魯伊傳統點化之處。

著名的巨石陣傲然挺立在一片大平原上，但埃夫伯里巨石圈卻和小鎮融合在一起，村民們很早就跟巨石圈一起生活。雖

18-5 聖杯之泉

18-6 圓蓋幾何圖形即為魚型橢圓

18-7 埃夫伯里巨石圈是
世界上最大的巨石陣之
一，隨處可看到人們觸摸
著巨石，在巨石旁或坐或
躺，享受巨石們散發的能
量。

18-8 去英國埃夫伯里
巨石圈的路上發現一
根長長的黑色羽毛。
羽毛被認為是聖靈的
祝福，也是白風的象
徵。

18-9 英國埃夫伯里樹神

然巨石圈被村民劃分成不同區塊，已經無法看出原本的全貌，但村落裡的和諧與純淨，卻跟其他名氣響亮的靈性小鎮大不相同。

在這裡隨處可看到人們觸摸著巨石，在巨石旁或坐或躺，享受巨石們散發的能量。這些大石頭就像守護者，靜靜地護衛著這個區域。我獨自繞著巨石圈旁的白色小徑探索，感覺像是走在馬雅之地的 Sac-be 白色道路，象徵著在地球上的銀河之路。走沒多久，就發現路上一根長長的黑色羽毛，羽毛被認為是聖靈的祝福（圖 18-8），不正是白風的象徵嗎？再繼續往前走，路旁出現了好幾棵聚在一起的大樹，樹上掛滿了祈福的繩結還有各式奉獻品，這些樹散發著耀眼的光芒，我彷彿看到了圈繞著樹葉的綠人就在樹上對我微笑。我崇敬地向這些大樹頂禮，輕輕的撫觸樹身，感覺全身瞬間充能（圖 18-9）。

這裡以前是凱爾特人居住之處，而德魯伊教是凱爾特民族的信仰。《歐甘樹文神諭卡》的解譯書裡，作者思逸說「德魯伊將樹木視為重要的力量來源，所以也被視為森林的守護者」，而德魯伊使用的曆法就是以樹木能量為主的樹曆。德魯伊的樹曆也是月亮曆，每個月 28 天，一年有 13 個月，其中一天則是神無日（12.23）。

樹曆是一種自然曆法，全世界的古老民族都有依其生活需要而產生的曆法，我們可以視自己的需要與感受去運用。除了依法令使用的格里曆，生活裡更需要源於自然的各種曆法，跟著自然曆法過生活，感受生命的氣息，與地球母親、天空父親保有緊密的連結。

## ☆ 從波符認識太陽圖騰

第 18 個波符：白風波 kin 222 ～ 234（磁性白風～宇宙白巫師）
太陽圖騰：白風（圖騰序號 2）

馬雅的卓爾金曆中，對應白風圖騰的是 IK，意思是神靈、呼吸、風、宇宙能量、靈感。

## ☆ 「愛的共時校準」練習

在印加神諭卡裡，有些簡單的實修法運用風的特質，來協助釋放沉重能量：

### 1. 風的儀式

偉拉（Wayra）就是風，媽媽偉拉在很多層面上服務，她總是準備好要與其他的母親連結（圖18-10），比方說跟雨之母親，媽媽偉拉可以移動雲朵，雨之母親才能工作。

風儀式可以透過「愛、服務與智慧」的力量三角形，將恐懼抽出。我們祈請並請求准許，如果能在神聖的地方最好，但如果不行也沒關係。當我們祈請時，我們以雙手形成力量三角形，然後放在喉嚨的位置，面對南方。我們感謝風的服務，將我們不需要的一切帶到神聖的空。偉拉（風）是南方，神聖的空就在南方。我們朝著南方吹氣，將所有困擾我們的一切吹走。

### 2. 菁土儀式（Kintu）

在安地斯山區，人們做菁土儀式（Kintu）來釋放沉重的能量。傳統上是用三片古柯葉（圖18-11），因為取得不易，也可以用花瓣替代。依序排列以扇形放在手中，三代表三個禮物，三個品質，三個卓越不凡人生的關鍵（愛、服務與智慧），三個世界（內在世界，這個世界，與上部世界），也是家庭（父母子），三個火焰顏色（藍黃紅）。接著將手中的花瓣高舉向著天空，透過吹氣將所有想要釋放的沉重能量吹到花瓣上，然後將花瓣讓媽媽偉拉吹走，或是獻給大地之母請她轉化。

4.4 風之母親 Mamawayra

4.7 古柯葉之母 Mamacoca

18-10 印加神諭卡〈風之母親〉

18-11 印加神諭卡〈古柯葉之母〉

# 19. 願景：你在哪裡？要往何處去？ ——藍鷹波

太陽圖騰：藍鷹（第 19 個波符，圖騰序號 15）
關鍵字：願景、創造、心智

不同的高度，看到不一樣的視野；不同的維度，看見不一樣的實相。當所在高度不同，看到的景象也勢必不同。

每種不同的視野，都有其重要性。漫威電影的《蟻人》，透過特殊裝置可以縮小如螞蟻，也可以高壯如巨人，在不同的狀態與視野裡，能夠感知的事物與擁有的能力截然不同。若要像蟻人一樣，穿梭在不同的世界裡，就需要調整我們本自俱足的「裝置」，也就是我們的意識。

在美洲，飛得高看得遠的猛禽，非常受到原住民的崇敬。在北美是老鷹，在南美則是禿鷲。南美安地斯山區的人們相信禿鷲是太陽的信使，負責將亡者的靈魂帶到另一個世界（跟西藏的觀點類似）。禿鷲通常築巢在高山崎嶇的峭壁上，也是安地斯山人相信山神居住之處。

禿鷲教導我們翅膀的重要性，不只是如何飛翔，也教導我們如何安全地降落。飛行與降落同等重要，因為與宇宙互動固然重要，但人類生活在地球上，是在中部世界（Kaypacha）裡築巢與生活，所以必須有能力在兩個世界之間行動自如，就像藍鷹的隱藏推動力量白世界橋（下方）（圖 19-1），在高處以清晰的視野，看見不同領域的連結之處，進而產生全觀的計畫。能自在地在宇宙中飛翔，也能夠務實的落地，在生活中不同的層面裡找到平衡。所以藍鷹的支持力量是接地氣、有明確意圖的黃種子（右邊），就像禿鷲一樣，在飛得高看得遠的同時，

19-1 藍鷹的印記組合

也能務實的飛回巢裡照顧小禿鷲。

禿鷲的偉大教導，第一個是看見自己在哪裡，並且接受現狀。當禿鷲飛翔獵食看見目標後，首先飛到獵物所在之處，但不會馬上進行獵捕。禿鷲會先確認食物在哪裡，接受它所在的位置。第二步，禿鷲飛開並往上盤旋到盡可能的遠方，在那樣的高度與距離，禿鷲可以看到一切事物是如何相互聯結、相互依存，從更大的視野去看見全貌。在這裡，遠距、不涉入其中的「看」是關鍵。大部分的時候當我們在某個情境中苦苦掙扎，是因為沒有更大的視野。如果能看得更高更廣，我們就能明白並且分辨。更高的視野把我們帶入平衡與正義，看見在自然法則裡一切是如何完美的運作著。

## 老鷹與禿鷲的預言

克里昂第十三冊《人類進化的重新校準》中提到，2012 之前幾年，全球原住民開始變得活躍起來，原本沒什麼交流的各個部族，開始聚會並且比較各自祖傳的預言。他們之間突然出現共識，發現各部族所持有的 2012 及其以後的預言，幾乎完全一致。這則相似的預言都提到「以五百年為片段單位的週期」（這些片段被稱為「帕恰庫提」，以五百年為一個單位），其中一個在 2012 年結束，與其有關的預言就是「老鷹與禿鷲的預言」。預言如下：

如果人類通過 2012 年的排列，地球的重新校準將會開始，北半球也就是所謂的男性半球，將首度與南半球（即女性半球），進行平衡，其象徵即是老鷹與禿鷲的相會。

## 老鷹與禿鷲結合之處──馬雅潘

馬雅人在遺址設置了許多時間之鎖，只有知道的人才能打開這扇通往多次元的大門。

——《解讀地球生命密碼》

老鷹與禿鷹的預言體現之處，就在墨西哥的馬雅遺址——馬雅潘（Mayapan）。

馬雅潘距離著名的奇琴伊察並不遠，平常會來的遊客很少。這裡沒有雄偉壯觀的金字塔，也沒有特別精美的雕刻，但這裡的特別之處，就在多次元的實相裡，由羽蛇神所代表的宇宙基督意識的教導，仍然在此等待被下載接收。

馬雅潘被稱作馬雅的旗幟之城，建於西元 950 年，為了紀念馬雅人的導師庫庫爾坎（羽蛇神）。傳說這位令人敬畏的導師教導馬雅人科學、藝術、哲學、宗教、曆法、數學、建築等等各種知識與技術。庫庫爾坎與其他的馬雅導師一起住在馬雅潘，傳說當他的工作完成時，就在寧靜與和諧中沿著他的來時之路歸去。

馬雅人稱羽蛇神為庫庫爾坎（K'ukuulkaan），亦即長著翅膀的蛇。在 13 月亮共時曆裡，藍鷹與紅蛇正是相互拓展的力量。藍鷹因為飛得高所以看得遠，但可能會忽略細節，對現在沒有耐心。紅蛇可以幫助藍鷹更為落地，讓藍鷹「回到人間」，不至於好高騖遠。當兩者結合，就像蛇長出鷹的翅膀，如同羽蛇神般轉化至不同藍圖的生命樣貌 *。

## 馬雅潘水晶頭顱點化儀式

2014 年 4 月的墨西哥水晶龍線之旅，我們來到馬雅潘接收羽蛇神留在此地的智慧。當我們進入遺址到主要金字塔的牆邊時，我不禁愣住了！雖然早在數年前就曾來過馬雅潘，也聽過老鷹與禿鷹的預言，卻從來沒注意到，原來這個預言真的就如帶領的老師所說，早已被記錄在牆上等待著被啟動！金字塔背後的牆上有個張開雙手的人形浮雕，身體的兩側雕刻著兩種不

---

*請參閱〈1. 起源：我從哪裡來？——紅龍波〉

19-2 馬雅潘金字塔
老鷹與禿鷲

同的鳥頭（各代表老鷹與禿鷲），而頭的位置，竟然是一個方整的凹洞，尺寸剛好可以放入如人頭般大小的水晶骷顱頭（圖19-2）！

我們在這裡進行了水晶頭顱的點化儀式，分為三個階段：

第一階段：療癒老鷹與禿鷲，這樣他們就能夠再次一起展翅高飛。老鷹代表北方（北美洲），禿鷲代表南方（南美洲）。老鷹代表的是人們被其他人傷害所遭遇的傷痛，而禿鷲所代表的則是人們施加在大地母親與自然界的破壞。我們首先要以全然的愛與慈悲療癒內在的老鷹與禿鷲，讓北方（理性）與南方（感性）的力量均等平衡，當我們療癒了內在，外在世界也將因此轉變。

第二階段：老鷹與禿鷲結合，代表陽性與陰性能量平衡，小我消失了。當頭腦的小我讓位給敞開的心，此時就有可能接收羽蛇神遺留在馬雅潘的神祕教導。

第三階段：在接收這些能量之後，在某個特定的時間點，

就有可能接收一個新的「頭」、新的意識，也就是水晶頭顱意識，就在新的 26000 年週期的開端。

當我接受點化後，有股非常強大的能量進入身體，我靜靜的走到金字塔旁邊，消化所有的發生。團體中的每個人以各自的方式，去感受點化過程中所接收的神聖內在教導，有人唱歌、有人跳舞，有人登上金字塔，也有人靜靜地在大太陽底下盤坐。羽蛇神的神聖教導帶領著我們，斬除小我的執著，當我們的意識覺醒，就像長了雙翅，可以在多次元裡自由飛翔。

水晶頭顱最重要的意義，是將頭腦「水晶化」，也就是「矽化」。在《松果體的奇蹟》一書中，作者松久正說，人類是由碳組成，而松果體是人體中矽含量最高的器官。矽原子的內部擁有黑洞，松久正將之命名為「矽洞」。矽洞可以接收宇宙智慧，並且將接收到的能量轉換成人類所需的身體智慧能量，可以將人類的能量從碳轉換為矽，幫助人類矽化（水晶化）。人類之所以是由碳組成的，正是因為背後已經預設了一套「幫助人類提升次元」的劇本，只要藉由活化松果體，人類的振動頻率會改變，甚至漸漸不需要進食與睡眠。

我們每個人都有自己的水晶頭顱，也就是我們的大腦，透過與宇宙能量校準，持續活化松果體，就像藍鷹般打開智慧之眼，升級成新人類！

19-3 印加神諭卡〈啟動第三眼〉

3.3 啟動第三眼 Third-eye activation

## ☆ 從波符認識太陽圖騰

第 19 個波符：藍鷹波 kin 235 ～ 247（磁性藍鷹～宇宙藍手）

太陽圖騰：藍鷹（圖騰序號 15）

馬雅的卓爾金曆中，對應藍鷹圖騰的是 MEN，意思是老鷹，更高的集體心智，行星心智與意識。


## ☆「愛的共時校準」練習

在印加神諭卡裡有個啟動第三眼（松果體）的練習，可以讓我們更深入的打開內在視野（圖 19-3）。

如何能夠真正的「看見」，是非常重要的練習。「看見」不僅是眼睛的看到，還包括明瞭我們就是光、愛與生命。前額中間的靈性之眼就是象徵，也稱之為第三眼。第三眼與松果體相連，力量動物也是在此與我們連結。

這個練習要運用「愛、服務與智慧」的力量三角形（如圖 19-3 所示），先將兩手做出力量三角形，然後對準太陽父親，將太陽圈在力量三角形的中心。接著張開眼睛看太陽接收能量（最好在日出或日落時，若不是則輕輕地看一眼即可），再閉上雙眼，並將雙手的三角形帶到前額的位置。這時我們會感受到，位在前額中間的第三眼就像太陽一樣明亮。如果無法看到太陽，也可以運用觀想太陽的方式來練習。

接著我們將雙眼的眼球由左到右順時針旋轉，當雙眼旋轉得很順之後，我們再邀請第三眼進來一起旋轉。雙眼持續閉著，注意力則是放在第三眼。當你繼續順時針轉動眼球時，你會發現，在第三眼的位置開始出現螺旋的形狀。不管發生什麼，都不需要去抗拒，持續地去轉動眼球。慢慢地你會發現，螺旋的另一端在外面，當你覺察到這個螺旋出現時，某些神奇的東西會發生。我們只需要繼續轉動眼球，而第三眼也彷彿有個眼球一般，三個眼睛一起轉動。持續這麼做，我們會看到螺旋轉得越來越深。

當你在練習時，不要強迫自己一直做，因為這樣很容易就會覺得厭煩不想再練習，所以每次只要增加一點點就夠了。當

練習結束後，我們將雙手放在心的位置上表達感謝。

　　每天持續不斷地練習是啟動的關鍵。先移動你雙眼的眼球，再邀請第三眼一起進來轉動，然後將注意力放在第三眼。當我們把注意力放在第三眼時，我們的雙眼會自動跟著轉動。這個練習能夠真的打破一些東西，你可以在任何地方做這個練習，但如果能在力量之地做，將會有更強大的經驗發生。

# 20. 藝術：自在優雅的行於世間
## ——黃星星波

太陽圖騰：黃星星（第 20 個波符，圖騰序號 8）
關鍵字：優雅、美化、藝術

　　荷西博士終生致力於推廣時間法則，希望將人類「時間就是金錢」的價值觀，翻轉為「時間就是藝術」。也許有人會問，為何是藝術？蔣勳在 Podcast 節目「蔣勳＿美的沉思，回來認識自己」中，提到俄國大文豪托爾斯泰曾說過：「人類總是會被煽動、對立、屠殺、總是有戰爭，只有美、文學與藝術，可以像一道道橋樑，去溝通所有不能理解的事。」

　　黃星星圖騰由圓與弧線所構成，正如自然界的一切很少由直線與直角構成，充滿可能性的圓與弧線，才是大自然的本質。黃星星的能量代表藝術與美，在生活中如果能夠將美的意識帶入，生命將開始有許多的變化發生。小時候的課本裡有一個故事，有個人收到一朵花，拿回家後卻發現環境髒亂不堪，連個花瓶都找不到。於是他決定先把一張桌子打掃乾淨，找個容器把花插起來。當花插好之後，他開始覺得房間裡其他髒亂的部分和這朵花無法匹配，於是開始動手整理……到後來，因為這朵美麗的花，他的家整個煥然一新！

　　居家環境可以從「一朵小花」開始改變起，生命也可以從微小的變化開始引發全面性的轉變。當你看見了美的事物，心裡會開始有所觸動，這是因為頻率是共振的，美的事物會相互吸引，反之亦然。

　　對藝術與美的嚮往，讓創造成為可能。如果對美沒有追求，生命就會失去進化的動力，一切只要複製即可，不需要改變與

創造。因為「美」，世界才會更好。

任何的創作都是藝術：寫作，畫畫，音樂，跳舞，手作，攝影，下廚做菜，室內設計，園藝，建築……食衣住行育樂，全都可以是藝術的展現。藝術不是標準化，不會單調無聊，而是獨特性的顯化。每個人都可以展現出自己的獨特，因為創造所以存在！

## 從單調的黑白到多元的色彩

電影《記憶傳承人：極樂謊言》裡，描述一個充滿規定的未來世界，一切都是非黑即白，看不到任何其他顏色。表面上看來這是一個沒有戰爭、沒有災難、沒有痛苦的理想社區。居民彬彬有禮、生活井然有序，不用煩惱工作，不用擔心配偶，一切都被社區首席長老給安排穩妥。然而，這個世界沒有記憶、感情、顏色與音樂，人們也沒有選擇「知」的權力。

每年 12 月，是青年喬納思最期待的月份，因為社區裡的「大慶典」即將到來。所有 12 歲以下的孩子，都將在這天被分配到終身工作。由於喬納思擁有別人所沒有的能力，讓他成為社區中唯一的「記憶傳承人」：負責掌管所有居民的記憶，並擁有許多特權——除了無法與他人分享自己的記憶。

在記憶傳授人的帶領下，喬納思發現，他所居住的世界並沒有表面上的和諧，反而隱藏黑暗又致命的真相。當他意識到性命與他所珍惜的一切將被摧毀，喬納思仍確信他必須保護所有人，即使這個挑戰，從來都沒有人成功過。電影的最後，是原本黑白的世界，漸漸地出現各種色彩，原來世界是多彩多姿的，卻在統治者刻意塑造的環境裡集體失憶……

這個充滿寓意的電影，彷彿也在說著地球現在的故事。就如高靈克里昂說：「色彩就要來臨！」這個「色彩」就是多次元，也就是超越我們三次元實相的真實世界，而共時校準的目的之一，就是為了回復我們集體失落的記憶。

20-1 黃星星的印記組合

黃星星所代表的藝術、美與優雅，相對於硬梆梆的規定，是彈性與寬容，有著從容不迫的空間，可以四處探索而不受局限（下方的紅天行者是隱藏推動的力量）（圖20-1）。藝術，是不被規定、可以自由玩耍，由自己去定義遊戲場裡的規則（右邊藍猴是支持的力量）。藝術，容許各種樣貌與可能性，各種不同的呈現都是藝術的表達，因為多元與變化，才會有精采的創造（左邊白鏡是拓展）。

　　人們仰望星空，總以為星星距離遙遠而孤冷。但事實上「星星」與「太陽」都是發光發熱的恆星，太陽是距離我們最近的「星星」。透過服務與愛，星星能更近的接觸人們，不再是感覺高冷的遠在天邊，而是近距離的給出溫暖。黃星星印記的人，容易讓人覺得不易親近，事實上，他們的內心可是溫暖有愛的喔！

## 拉達克的時輪金剛灌頂

　　2007年趁著在印度南部工作的空檔，我從印度南邊一路北行到達蘭沙拉，在這個藏人的海外故鄉待了一個多月。同行朋友的舊識曾是達賴喇嘛的貼身護衛，於是我們有機會參觀達賴喇嘛平時工作修行的場所。在達賴喇嘛接見外賓處有張大唐卡，帶著我們參觀的西藏朋友說，這個教法很殊勝，只有少數的大成就者才能傳承此法，若有機會參與達賴喇嘛時輪金剛的灌頂，那絕對是難得的因緣。那是我第一次聽聞時輪金剛，就在那麼一個天高山青的日子，時輪金剛的種子已經在我的意識裡種下。

　　2014年6月，突然得知達賴喇嘛將於7月份在拉達克傳授第三十三次時輪金剛灌頂。但是像這樣的盛大法會，至少半年前就要預訂住宿，而我們知道時離法會已不到一個月。但宇宙要你去的地方，就一定會讓你成行──先是手邊工作很快就順利完成，排除了原先預期的忙碌；二是當地朋友早在一年前已承租一整層民居，所以住宿不是問題；三是半年前就要搶位的機票，竟然也在旅行社的努力下順利訂到！

一切的發生如此順利，讓我明白，這是一趟非走不可的旅程。所有因緣的發生，所有幫助成行的人事物，全都自動到位。早在數年前播下的種子，直到現在才破土而出！

　　雖然行前一切莫名的順利，啟程之後卻開始出現重重障礙。拉達克位在印度北方的喀什米爾省，首要城市是列城。由於位處喜馬拉雅山區，冬季時大雪封山停止對外交通，夏季時又常因天候原因，飛機起降並不穩定。我們在前一天抵達新德里機場，在機場度過一晚漫長的等待後，終於坐上飛往列城的班機，卻因天候不穩無法降落，只好再飛回德里機場。在等待幾個小時後，再次原機起飛勇闖雲霧中的列城。全機乘客幾乎全是要參加法會的出家眾與朝聖者，紛紛抄起懷中法寶，就在意念與持咒聲的加持中，膽識過人的女機師終於排除萬難安全抵達，著陸時全機歡聲雷動！後來聽說有人已經在德里機場待了三天還是飛不到列城，而我們竟然「只」飛了兩次就抵達，可見能參加這次法會有多麼幸運！

　　沒想到另一考驗隨之而來。原先朋友預定好的舒適民宿，竟被無良的當地人換成缺水缺電、連窗戶房門都沒有的半成品工地。同行友人們不顧高山症的危險，四處奔走尋找合適旅宿，在奔走近二十間旅店後，竟然找到一間才開幕四天，有水有電有網路的五星精品旅館！住宿雖然解決了，沒想到因為旅途奔波，曾去過西藏與南美高地都沒事的我，竟在 3300 公尺高的列城倒地。劇烈頭痛與嚴重脫水讓我近乎意識模糊，在夥伴的照料下，半夢半醒間持著綠度母咒，凌晨醒來頭疼好了大半，過了兩天高山症也漸漸舒緩。

　　法會期間，經歷了最不可思議的時間感。由於參加人數有幾十萬人，而住宿地點距離會場有段距離，所以每天都必須提早出發才會有位子。前面幾天早上五點就出門，後面兩天是灌頂的最後階段，早上六點前要入座，所以我們三點半就摸黑出門，這輩子大概從沒有這麼認真向學過！

　　拉達克位居印度西北角，雖然海拔高但氣候乾燥，受到氣

候變遷的影響，白天時異常炎熱，終年積雪的山頭竟也現出光禿禿的原形。法會期間天天豔陽高照，極端乾燥炎熱還有漫天飛塵，雖然對身體是很大的挑戰，內心卻充實喜悅。我們在超級滿月時，完成了時輪金剛的灌頂（2014年7月13日，kin 256 太陽黃戰士，黃星星波）。連著兩天在高山沙漠正中午，和幾十萬人群聚在熾熱幾無遮蔭的沙地裡，接受達賴喇嘛的灌頂。在三千多公尺的高山上，離天很近，離太陽也很近！據說高溫達44度，而我們竟無懼高溫，坐在大太陽底下超過五六個鐘頭，果然是勇猛的太陽黃戰士啊！

這麼殊勝的時輪金剛到底是什麼呢？

時輪金剛傳承，由釋迦牟尼佛親自傳授給香巴拉王國的賢月王。傳說香巴拉王國是一個被雪山包圍的國家，一直以來香巴拉王國就是「理想國」的代稱。時輪金剛 Kalachakra 是梵語，字義的解釋是「時間之輪」，內容博大精深，繁複的沙壇城裡每個方位上的圖騰、符號與本尊，都有其代表的意義。Kala 是時間，指的不是直線式的時間，而是過去、現在、未來所有事件的流動。時輪金剛代表全知，與一切時間同在，因此無所不知。Chakra 的意思是「輪」，不只是時間的循環，而且是一種悟道的大樂經驗，如陽光照耀一般，從自身放射到一切眾生。輪，無始也無終，也是佛教的宇宙論。時輪密續包含三個獨特又同時發生的循環：外時輪教導宇宙論，內時輪教導人體的本質和功能，密時輪教導禪修和成佛之道 *。這也讓我聯想到古馬雅曆法，是由好幾個不同的「輪」依各自的週期轉動，輪輪相扣，相依相生。

當這個長達 12 天過程繁複的灌頂儀式完成時，宇宙的共時性馬上傳遞了訊息給我。灌頂一結束，大家正等待著向法王頂禮，我赫然看見前方女子背包上的圖案竟是馬雅圖騰，在印度拉達克看到馬雅圖騰，這也太超現實了！而我接下來的旅程，就是在秋分時要重回時間管理者的馬雅之地！

---

\* 《曼陀羅──時輪金剛沙壇城》P.68，貝利・布萊恩著。

時輪金剛本尊及佛母唐卡，以伴侶結合的狀態，代表智慧與慈悲的結合。早期這些密宗藝術到西方展示時，由於沒有正確的解說，因此「望圖生義」，對雙運產生很多誤解，認為純粹是性愛交抱。在時輪密續的修行中，本尊是一種觀想成陰陽和合或是平衡的意識狀態。了解了禪修的圓滿次第，就能夠主宰身體的右脈（陰性）與左脈（陽性），了悟整個中脈的覺醒與清淨狀態，就是透過雙運的擁抱而呈現[*]。巧合的是，這次是達賴喇嘛第 33 次時輪金剛灌頂，33 ＝ 11 ＋ 22，11 是荷西博士的印記，22 是太陽的白風，代表陰性能量，33 正是陽性與陰性能量的結合。

在拉達克的最後一天，我們一大早就前往會場，準備謁見沙壇城。時輪金剛沙壇城常被視為是藝術創作（當時正在黃星星波符），是整個時輪金剛密續的具象代表，但喇嘛們說他們不是在創作，而是全心投入自利利他的過程。沙壇城四個方位的顏色是黑、紅、黃、白，也與古馬雅曆的四方顏色相同（13月亮共時曆則是紅、白、藍、黃），再一次的，看見不同系統的古老智慧有許多相合之處，我認為這不是巧合，而是有可能都來自於同樣的源頭。

我們在拉達克度過了整個黃星星波（2014.7.5-7.17 kin248 磁性黃星星～ kin260 宇宙黃太陽），離開拉達克的那天，正是卓爾金曆 260 天週期的結束。當我們帶著新的意識回到台灣，則開啟了新一輪卓爾金曆的週期（磁性紅龍 kin 1）。從黃星星波（第 20 個波符）走入紅龍波（第一個波符），時間之輪帶著我們登上了另一維度的循環。每個卓爾金曆週期的結束，就是另一個循環的開始，升維或降維，就在我們每日生活的覺察裡。

## ☆ 從波符認識太陽圖騰

波符 20：黃星星波 kin 248 ～ 260（磁性黃星星～宇宙黃太陽）

---

[*]《曼陀羅——時輪金剛沙壇城》P.60。

太陽圖騰：黃星星（圖騰序號 8）

馬雅的卓爾金曆中，對應黃星星圖騰的是 LAMAT，代表星辰、和諧、音階、愛、星際種子。

## ☆「愛的共時校準」練習

### 塑造生活中的儀式感

「儀式是什麼？」小王子問道。

狐狸說：「它就是使某一天與其他日子不同，使某一時刻與其他時刻不同。」

儀式感的重點在於「從心出發」，當你開始用心去對待生活中的小小事物，你就會開始用心生活。當你開始用心生活，創造美與藝術就是你的日常，而時間也就成為了藝術！

以下是幾個讓生活充滿儀式感的建議：

①早上起床第一件事，請先禮敬自己。如果可以看到太陽，迎接太陽的第一道光，讓金黃色之光進入你的身體，讓這道光成為你靈魂的食物。

②起床後，和家中所有的傢俱、物品、空間，表達你的感謝與愛。順手整理雜亂的床鋪與居家環境，並且從心中真誠的感謝自己所擁有的。可以跟它們說：謝謝你們，我愛你們。

③為植物澆水、整理植物的枝葉、細心觀察生長狀態，甚至可以和它們說說話，這也是個美好的小儀式。

④如果有寵物，請和牠們建立起屬於你們之間的生活儀式。

⑤為自己手沖一杯咖啡或茶，準備早餐。如果平常沒有時間，那麼就在休息日時給自己一個早餐儀式。

⑥洗澡也是一種儀式：透過撫觸自己的身體，去感知身體的需要，再以水好好淨化，洗去所有不需要的負能量與負信息。

⑦不管廚藝好不好，用心為自己或家人做飯，都是一種生活儀式。用愛烹調的餐食，絕對是藝術品！

⑧運動，不管是散步、慢跑、有氧、瑜伽或甚至是氣功，都是生活中必要的儀式。

⑨與自己對話：找到適合的靜心方式，好好的與自己在一起，傾聽內在與自己的對話。

⑩請運用想像力，創造出屬於你的生活儀式吧！

　　每件事情，只要用心，就可以呈現美的品質。用心生活，就是美好優雅的靈性生活！

愛的共時校準

# 第三章 13 月亮共時曆基礎學習指南

這個章節是 13 月亮曆的基礎知識，就像學習西洋占星至少要先知道 12 星座與 12 宮位，要開始與 13 月亮曆共時互動，就需要知道 1320 與 1328。

　　我融合了美國時間法則基金會網站的教材以及個人學習的體會，盡量以簡單易懂的方式，擷取最基礎的觀念與應用，讓 13 月亮曆開始融入你的生活裡。如果你從未接觸過 13 月亮曆，也不知道自己的星系印記是什麼，那麼在閱讀本章時，建議可以將紙筆與計算機準備好，只要跟著書中的指示走，你就會查到跟你息息相關的主星系印記，從這裡展開與星際馬雅共時創造的旅程。

　　如果你知道自己的星系印記，或者參加過 13 月亮曆的課程，已經知道這套曆法的基礎觀念，那麼請輕鬆的閱讀本章，有些部分可能和你之前學過的不太一樣，也許會帶給你新的觀點，更容易應用曾經學過的曆法知識。13 月亮共時曆是個活生生的曆法，有各種不同的應用與詮釋，而這裡所提供的是最基礎的法則與運用。如果你從曆法裡感受到共時的美妙，想要繼續深入學習，坊間有許多老師開設 13 月亮曆的課程，可以選擇適合的參加，或者持續追蹤相關的公開資訊如 FB 或各個 Podcast，共時校準活出曆法的「時代精神」。*

---

＊ FB 可參考「亞洲時間法則」粉絲頁、「13 月亮曆法／星際馬雅生活實踐」FB 社團，
　Podcast 如 Marisa 心之回音……等。

# 13月亮共時曆的兩大基礎：1320與1328

13月亮共時曆有兩大部分，一個是1328萬年曆（13個月亮×28天），另一個則是取自馬雅曆法裡的卓爾金曆，稱為1320和諧矩陣（13調性×20圖騰）。和諧矩陣裡有三個基礎元素：20個太陽圖騰、13個調性以及4種顏色。

1328萬年曆是架構，而1320和諧矩陣是讓架構鮮活起來的精髓，透過每日的圖騰、數字、顏色，與宇宙源頭的能量校準。

## 心電感應是什麼？

時間法則是荷西博士透過心電感應，從銀河源頭傳輸下來的一整套龐大的星際知識系統。心電感應並不是特異功能，而是我們每個人都內建的能力，但由於精微不易察覺，所以需要「工具」去強化覺知，而13月亮共時曆就是個很好的覺察工具。

我曾有過一次很特別的經驗，發生在印度南部的曙光村。這裡是世界知名的靈性生態村，曙光村的精神中心是一個像大黃金球般的建築。從天空鳥瞰，整個大黃金球就像是一朵盛開的花，旁邊圍繞著12個花瓣靜心室，每個都有獨特的顏色與意義，代表著12個宇宙母親的品質，分別是：真誠、謙遜、感恩、堅持、渴望、接受、進展、勇氣、良善、寬大、平等，以及和平。

每天開放的花瓣靜心室是隨機的，所以每次去都不知道會進入到哪個靜心室。有次去的是「勇氣」，顏色是深紅色。進去之後，房間裡寂靜無聲，整個空間都是深紅色調，靜心者席地坐在鋪在大理石地板上的白色墊子上。面對靜心者的牆中央，有個特別的立體畫雕塑，上面有許多無法以頭腦邏輯辨識的圖形符號，光線則從立體畫的後方透出來。

我凝視著這個立體畫幾分鐘後，再閉上眼睛靜心，不久竟然自動浮現了一句和勇氣有關的話。我驚異的發現這句話就像

是有人直接和我心靈感應，沒有語言文字，就是自動的映在腦海裡。對我而言，這幅立體畫就好像是個時空密碼，讓我瞥見這個房間（特質）的精義。

和大家分享這個經驗，是因為「心電感應」是源頭能量與我們溝通的方式之一，而媒介有可能是顏色、符號、聲音……等，透過特定的頻率與我們連結。當我們在運用 13 月亮共時曆時，直接與圖騰連結也是一個很好的方式。透過圖騰的顏色與符號，直接去感知，甚至觀想自己與圖騰合一，也許你就明白了這個圖騰想要帶給你的訊息。

因此，每日調頻的方式之一，可以和當日的星系印記，或者是當日印記和你的星系主印記相加的合 kin，先專注地看著圖騰一段時間，然後再閉上眼睛靜心，也許你會開始接收到屬於你的訊息！

比方說，你的星系主印記是 kin 250 電力白狗，而假設今日印記是 kin 196 磁性黃戰士，那麼兩者相加 250 ＋ 196 ＝ 446，總和超過 260 要減去 260，446 － 260 ＝ 186，kin186 是自我存在的白世界橋。

所以這天的調頻靜心，你可以選擇 kin 196 磁性黃戰士，或者與你的主印記合 kin 的 kin 186 自我存在的白世界橋，試著去感受哪個方式與你更為相應。

# 1320 和諧矩陣三元素

## ① 20 個太陽圖騰

　　卓爾金曆是馬雅曆法裡的月亮曆（或稱「儀式曆」），是由 20 個太陽圖騰與 13 個數字組成，整個卓爾金曆被稱為和諧矩陣，順序是從左到右、從上到下，若以一天一格的方式來看，走完一整個週期就是 260（13×20）天，也就是 260 kin。kin 是曆法裡的最小單位，等同於我們的「日」，也就是地球自轉 24 小時的一天。也因為在地球上我們的基礎單位是一致的，所以可以很容易地將 13 月亮共時曆和現行慣用的格里曆、農民曆，或任何以「日」為基礎單位的曆法合併起來使用。

　　以下為 20 個太陽圖騰的名稱與三個關鍵字的列表。如果可以的話，請盡量熟記與感受每個太陽圖騰的關鍵字，對於體會曆法有很大的幫助。第二章從生命的二十個面向來詮釋圖騰（但順序和這裡不同，第二章是波符的順序），也是為了能更深入的體會每個圖騰的意義。

## ② 13 個調性

　　卓爾金曆／和諧矩陣三元素中的第二個元素，是 13 個調性。調性就是銀河音階（Galactic Tones）裡的 13 個音調，每個音調以一個數字做代表。銀河音階由 13 個調子組成，就像是一首樂曲，可以用 13 種不同的音調彈奏。所以你可以想成每個太陽圖騰是一首樂曲，而每個太陽圖騰樂曲有 13 種不同的音調。和諧矩陣總共有 20 首樂曲，每首樂曲有 13 個音調，所以就是 20×13 ＝ 260 首不同的歌。

　　這些音調，也就是數字，由點和橫線組成。想像在久遠以前的古馬雅人，運用隨手可得的素材來計數：「點」就是石頭，「橫線」則是樹枝。一顆石頭代表 1，一根樹枝代表 5，就形成了以下的 13 調性數字系統。

# 20 個太陽圖騰（The 20 Solar Seals）

| 圖騰序號 | 圖騰 | 名稱 | 力量 | 行動 | 本質 |
|---|---|---|---|---|---|
| 1 | | 紅龍 | 誕生 | 滋養 | 存在 |
| 2 | | 白風 | 靈性 | 溝通 | 呼吸 |
| 3 | | 藍夜 | 豐盛 | 夢 | 直覺 |
| 4 | | 黃種子 | 開花 | 對準目標 | 覺察 |
| 5 | | 紅蛇 | 生命力 | 生存 | 本能 |
| 6 | | 白世界橋 | 死亡 | 均等 | 機會 |
| 7 | | 藍手 | 實現 | 知曉 | 療癒 |
| 8 | | 黃星星 | 優雅 | 美化 | 藝術 |
| 9 | | 紅月 | 宇宙之水 | 淨化 | 流動 |
| 10 | | 白狗 | 心 | 愛 | 忠誠 |
| 11 | | 藍猴 | 魔法 | 遊玩 | 幻相 |
| 12 | | 黃人 | 自由意志 | 影響 | 智慧 |
| 13 | | 紅天行者 | 空間 | 探索 | 醒覺 |
| 14 | | 白巫師 | 無時間限制 | 施魔法 | 接收力 |
| 15 | | 藍鷹 | 願景 | 創造 | 心智 |
| 16 | | 黃戰士 | 智識 | 提問 | 無懼 |
| 17 | | 紅地球 | 導航 | 演進 | 共時性 |
| 18 | | 白鏡 | 無窮無盡 | 反射映照 | 秩序 |
| 19 | | 藍風暴 | 自我運生 | 催化 | 能量 |
| 20/0 | | 黃太陽 | 宇宙之火 | 照耀 | 生命 |

# 13 個調性

| Number 調性 | | Name 名稱 | Essence<br>本質（名詞） | Power<br>力量（動詞） | Action<br>行動（動詞） |
|---|---|---|---|---|---|
| 1 | • | Magnetic<br>磁性 | Purpose<br>目的 | Unify<br>合一 | Attract<br>吸引 |
| 2 | •• | Lunar<br>月亮 | Challenge<br>挑戰 | Polarize<br>二元 | Stabilize<br>穩定 |
| 3 | ••• | Electric<br>電力 | Service<br>服務 | Activate<br>啟動 | Bond<br>結合 |
| 4 | •••• | Self-existing<br>自我存在 | Form<br>形式 | Define<br>界定 | Measure<br>測量 |
| 5 | ▬ | Overtone<br>超頻 | Radiance<br>放射 | Empower<br>賦權 | Command<br>掌管 |
| 6 | ▬• | Rhythmic<br>韻律 | Equality<br>均等 | Organize<br>組織 | Balance<br>平衡 |
| 7 | ▬•• | Resonant<br>共振 | Attunement<br>協調 | Channel<br>通道 | Inspire<br>啟發 |
| 8 | ▬••• | Galactic<br>銀河 | Integrity<br>整合 | Harmonize<br>和諧 | Model<br>塑造 |
| 9 | ▬•••• | Solar<br>太陽 | Intention<br>意向 | Pulse<br>脈動 | Realize<br>實現 |
| 10 | ▬▬ | Planetary<br>行星 | Manifestation<br>顯化 | Perfect<br>完美 | Produce<br>產出 |
| 11 | ▬▬• | Spectral<br>光譜 | Liberation<br>釋放 | Dissolve<br>消融 | Release<br>鬆開 |
| 12 | ▬▬•• | Crystal<br>水晶 | Cooperation<br>合作 | Dedicate<br>奉獻 | Universalize<br>普及 |
| 13 | ▬▬••• | Cosmic<br>宇宙 | Presence<br>臨在 | Endure<br>持久 | Transcend<br>超越 |

這 13 個數字又可以畫分成五個家族：

☆一點家族（· 1，▬ 6，▬ 11）：從無到有，獨立，開創。具有獨特的品質、自己的看見。

☆二點家族（·· 2，▬ 7，▬ 12）：二元性、相對、整合、溝通、通道、連結、傳遞。

☆三點家族（··· 3，▬ 8，▬ 13）：服務、更多的整合、輸出、超越二元來到宇宙。

☆四點家族（···· 4，▬ 9）：穩固、安全、自我存在、具體、測量、形式。

☆橫線家族（▬ 5，═ 10）：放射、顯化、體現、完美。

從 1 的獨有，2 的連結，3 的服務整合，4 的穩固，到 5 的放射，10 的顯化。

如果覺得這 13 個調性不好記憶，也可以運用以下的口訣（可自行替換能量質地，用其他關鍵字亦可）：

＃磁性的一吸引
＃月亮的二內省
＃電力的三服務
＃自我存在的四穩固
＃超頻的五放射
＃韻律的六均衡
＃共振的七通道
＃銀河的八整合
＃太陽的九實現
＃行星的十顯化
＃光譜的十一釋放
＃水晶的十二普及
＃宇宙的十三超越

## ☆ 人體的 13 個大關節

我們的身體是個小宇宙，事實上人體有 13 個大關節，完美的對應了這 13 個調性。從右腳踝開始，順時針繞人體一圈，依序是：

右腳踝 1，右膝 2，右髖 3，右手腕 4，右手肘 5，右肩 6

頭後方的大椎（脊椎）7

左肩 8，左手肘 9，左手腕 10，左髖 11，左膝 12，左腳踝 13

人體的 13 個大關節，若將左右兩邊的數字相加，剛好是 14：例如右手腕 4 ＋左手腕 10 ＝ 14，右肩 6 ＋左肩 8 ＝ 14，右踝關節 1 ＋左踝關節 13 ＝ 14。左右兩邊是完美的互補力量，這也就是為什麼在星系印記組合盤中，下方隱藏推動的調性與主印記的調性，相加為 14（請參閱「隱藏推動」一節）。

看著我們身體的 13 個大關節，就更能明白隱藏推動的意義。試想，假使右腳踝受傷了，是不是更需要左腳踝的力量，才能好好走路？這也就是為什麼通常一邊的身體不暢通，因為代償作用，通常另一邊也會開始出問題。星系印記組合下方的隱藏推動印記（我將之稱為祕友），是主印記的隱藏版，是推動我們前進的重要特質喔！

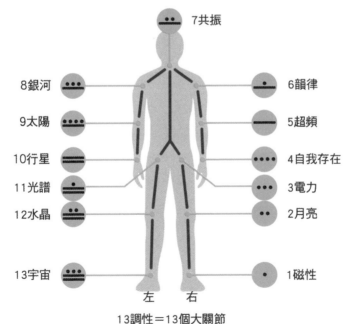

人體 13 個關節與調性對應圖

### ③ 4 種顏色

荷西博士擷取卓爾金曆的馬雅元素，除了前面的圖騰與調性，還有第三個元素是「顏色」。古馬雅人傳統的四個顏色是紅、白、黑、黃，但荷西博士則是使用紅、白、藍、黃四個顏色。這四個顏色除了在 1328 萬年曆裡代表一個月亮裡 4 週的特質，20 個太陽圖騰也是依著「紅、白、藍、黃」的次序，展現每個圖騰的顏色動力。

這四個顏色的意義如下：

紅色：啟動
白色：淨化
藍色：蛻變／轉化
黃色：成熟

# 星系印記是什麼？

你的星系印記（galactic signature）是你進入多次元的密碼，你在 13 月亮共時曆的出生日期以星系印記編碼，是卓爾金曆／和諧模組裡 260 個 kin 中的一個。星系印記由兩個部分組成：太陽圖騰（圖形）與銀河調性（數字），所以我們可以從這兩個面向去了解每個星系印記的質地。

透過你的星系印記，你可以開始去體驗共時秩序的神奇。每個星系印記都是個通道或入口，用來探索你存在的不同面向。星系印記就像是個屬於你的標記，讓你可以在宇宙裡四處遊走，如同到銀行提款需要簽名蓋章才能證明身分，當你知道自己的星系印記後，就等同於擁有了穿梭星際的鑰匙。

你的星系印記會有相對應的數字、顏色、地球家庭、脈輪、行星……以及更多。透過共時次序，我們可以用更高維度的觀點來看待生命中的人事物，揭示出更深度意義的模式。

除了出生日期的主要星系印記外，還有四個與其相對應的星系印記，這五個一組的和諧組合，形成一朵「星際生命之花」。而這個由五個星系印記組成、猶如盛開花朵的組合，譯名並未統一。有人稱其為「星系印記組合盤」，也有人說是「五大力量神諭」。就我從「時間法則」原文網站所看到的內容，則稱之為「命運神諭」（Destiny Oracle），或者是「第五力神諭」（The Fifth Force Oracle）。

## 什麼是第五力（The Fifth Force）？

現代物理學有宇宙四大基本力：強核力、弱核力、電磁力以及重力。第五力將所有這些結合在一起，也就是同步共時的 G 力，有時候被稱為以太，或是阿卡莎，這個力量將整個宇宙同步共時。

每個銀河通道（也就是每天的星系印記）都有太陽圖騰與銀河音調，還包含了 G 力的共時力量，第五力神諭就像是開啟星際大門的鑰匙。我們每個人的第五力神諭揭示了許多層次的共時性，運用這朵「星際生命之花」，好好地沉思靜心，並且感受 G 力之光從其中顯現。

（請注意：你的星系印記每 260 天會出現一次。同樣的，每天都有一個特定的星系印記，可以透過共時秩序的透鏡來解讀。）

## 光芒四射的五次元存有

史蒂芬·南（紅皇后）在其著作《開啟你的多次元自我》（Accessing Your Multidimensional Self，或譯「獵戶瞳孔」）中說，我們對時間與空間的感知，正在從三次元轉換到第四與第五次元。我們可以同時（在同個當下）經驗到所有次元，次元（維度）可以被理解為表達的模式，或不同層級的振動頻率。雖然所有的次元都在當下此刻存在，但更高的次元是從內在透過心智才能接近，也就是透過意識這個媒介。

從宇宙科學的觀點來看，我們每個人都由三個部分的存在體組成：第三、第四與第五次元的「自我」，而生命的主要目的就是這三個存在體的演進與整合。大部分的靈性傳統說三次元的生命短暫易逝，如果放太多的注意力在三次元的物質世界，我們將無法達到更高的目的。第四次元允許靈魂得以機動靈活地在不同次元間轉換，而第五次元的存在體則從未出生亦未死亡，換句話說，第五次元的存在體是你永恆的部分，在你出生前就已存在，在你死亡後仍然持續，也就是你的不死之身。這是如天使般的存有，第五次元存在體不會偏離神聖意志。

我們可以同時生活在幾個次元裡呢？人類有著至少五次元的潛能，而我們演化的下個階段就是以第五次元的方式運作。

「在第五次元，時間不再運作，而輪迴轉世也不再存在。輪迴轉世只會在原子以及次原子層次發生。不斷進化的靈魂，努力地從第三次元到第四次元，然後超越時間，透過深入的靜心，進入到第五次元。」

——《開啟你的多次元自我》，Accessing Your Multidimensional Self, P.114

　　每天的星系印記（也被稱為銀河通道）都有第五力神諭。有個比喻如此描述第五力神諭：如果星系印記是第四次元的含苞待放，但麼第五力神諭就是閃亮的盛開之花。

# 綻放你的「星際生命之花」

這朵「星際生命之花」組合，中心位置是你的主星系印記，上下左右位置的星系印記，各代表不同的含義。當我們了解在相對應位置的印記如何計算之後，就會更深入地理解其代表的含義，而不需要透過死背硬記。在13月亮共時曆裡，每個規則都有其來源，當我們搞清楚來源，就更能理解其中的涵意與規律。

## 找出你的主星系印記

找到星系印記的方法有懶人法與計算法。懶人法是直接購買下載 App（13:20:sync）*，然後輸入自己的出生年月日，即可找到自己的星系印記。雖說懶人法聽起來似乎有點不長進，但熟悉曆法的運作後，運用 App 查找不失為一個迅速快捷的方式。

第二個方式則是經由以下的步驟一個個計算。建議一開始時，先用手算的方式找到自己的星系印記，這樣就更能明白每個位置的圖騰所代表的意義，計算的過程就像是一層層地揭開屬於你的多次元自我的神祕面紗。

請依循以下的指示來查找：

①請參照以下「年份對照表」，找到你的出生年份後，往右看對應的數字。

②將你找到的年份數字，加上「月份對照表」上你的出生月對應的數字。

③加上你的出生日的數字。

比方說，如果你出生在7.26，那就加上26。如果生日是閏年的2.29，若是中午以前出生，那麼就使用2.28；如果在午後

免費「13月亮曆計算機《維心書苑》」網站

*中文免費網站：「13月亮曆計算機‧維心書苑」，https://glowing.cc/1328

出生，請用 3.1 作為生日。

這三個數字的總和就是你的 kin，如果數字大於 260，請減去 260。

④接著請找後頁附表的卓爾金曆，找到你的 kin 的數字，這就是你的星系印記。你的星系印記由兩個部分組成，一個是圖騰（請看最左邊一欄的圖騰列），一個是調性。

請注意有 52 個加深背景顏色的方格，這就是所謂的銀河啟動門戶。在這些日子裡，會有特別高的頻率流入。

⑤在卓爾金曆上找到你的波符：當你在卓爾金曆／和諧矩陣（請參閱附表）上找到你的星系印記後，不管調性是多少，都往回找到調性 1（一個點）的位置。波符是一個能量流的週期，可以看成在這個週期裡推動的背景力量。若是做每日校準的話，波符就是 13 天的週期，如果週期是 1 年，那麼波符週期就是 13 個月亮（moon）。以光譜的藍猴 kin 11 來說，調性光譜是數字 11，所以往回找到調性磁性（數字 1，一個點），這天是紅龍，所以是紅龍波。再舉一個例子：kin 88 行星的黃星星，調性行星是數字 10（兩橫線），往回找到調性磁性數字 1（一個點），會看到是在 kin 79 磁性藍風暴，所以是藍風暴波符。

## 年份對照表

| 出生年份 | 數字 | 出生年份 | 數字 |
|---|---|---|---|
| 2117、2065、2013、1961、1909 | 217 | 2091、2039、1987、1935、1883 | 87 |
| 2116、2064、2012、1960、1908 | 112 | 2090、2038、1986、1934、1882 | 242 |
| 2115、2063、2011、1959、1907 | 7 | 2089、2037、1985、1933、1881 | 137 |
| 2114、2062、2010、1958、1906 | 162 | 2088、2036、1984、1932、1880 | 32 |
| 2113、2061、2009、1957、1905 | 57 | 2087、2035、1983、1931、1879 | 187 |
| 2112、2060、2008、1956、1904 | 212 | 2086、2034、1982、1930、1878 | 82 |
| 2111、2059、2007、1955、1903 | 107 | 2085、2033、1981、1929、1877 | 237 |
| 2110、2058、2006、1954、1902 | 2 | 2084、2032、1980、1928、1876 | 132 |
| 2109、2057、2005、1953、1901 | 157 | 2083、2031、1979、1927、1875 | 27 |
| 2108、2056、2004、1952、1900 | 52 | 2082、2030、1978、1926、1874 | 182 |
| 2107、2055、2003、1951、1899 | 207 | 2081、2029、1977、1925、1873 | 77 |
| 2106、2054、2002、1950、1898 | 102 | 2080、2028、1976、1924、1872 | 232 |
| 2105、2053、2001、1949、1897 | 257 | 2079、2027、1975、1923、1871 | 127 |
| 2104、2052、2000、1948、1896 | 152 | 2078、2026、1974、1922、1870 | 22 |
| 2103、2051、1999、1947、1895 | 47 | 2077、2025、1973、1921、1869 | 177 |
| 2102、2050、1998、1946、1894 | 202 | 2076、2024、1972、1920、1868 | 72 |
| 2101、2049、1997、1945、1893 | 97 | 2075、2023、1971、1919、1867 | 227 |
| 2100、2048、1996、1944、1892 | 252 | 2074、2022、1970、1918、1866 | 122 |
| 2099、2047、1995、1943、1891 | 147 | 2073、2021、1969、1917、1865 | 17 |
| 2098、2046、1994、1942、1890 | 42 | 2072、2020、1968、1916、1864 | 172 |
| 2097、2045、1993、1941、1889 | 197 | 2071、2019、1967、1915、1863 | 67 |
| 2096、2044、1992、1940、1888 | 92 | 2070、2018、1966、1914、1862 | 222 |
| 2095、2043、1991、1939、1887 | 247 | 2069、2017、1965、1913、1861 | 117 |
| 2094、2042、1990、1938、1886 | 142 | 2068、2016、1964、1912、1860 | 12 |
| 2093、2041、1989、1937、1885 | 37 | 2067、2015、1963、1911、1859 | 167 |
| 2092、2040、1988、1936、1884 | 192 | 2066、2014、1962、1910、1858 | 62 |

## 月份對照表

| 出生月份 | 數字 | 出生月份 | 數字 |
|---|---|---|---|
| 1月 | 0 | 7月 | 181 |
| 2月 | 31 | 8月 | 212 |
| 3月 | 59 | 9月 | 243 |
| 4月 | 90 | 10月 | 13 |
| 5月 | 120 | 11月 | 44 |
| 6月 | 151 | 12月 | 74 |

| 1 | 21 | 41 | 61 | 81 | 101 | 121 | 141 | 161 | 181 | 201 | 221 | 241 |
|---|----|----|----|----|-----|-----|-----|-----|-----|-----|-----|-----|
| 2 | 22 | 42 | 62 | 82 | 102 | 122 | 142 | 162 | 182 | 202 | 222 | 242 |
| 3 | 23 | 43 | 63 | 83 | 103 | 123 | 143 | 163 | 183 | 203 | 223 | 243 |
| 4 | 24 | 44 | 64 | 84 | 104 | 124 | 144 | 164 | 184 | 204 | 224 | 244 |
| 5 | 25 | 45 | 65 | 85 | 105 | 125 | 145 | 165 | 185 | 205 | 225 | 245 |
| 6 | 26 | 46 | 66 | 86 | 106 | 126 | 146 | 166 | 186 | 206 | 226 | 246 |
| 7 | 27 | 47 | 67 | 87 | 107 | 127 | 147 | 167 | 187 | 207 | 227 | 247 |
| 8 | 28 | 48 | 68 | 88 | 108 | 128 | 148 | 168 | 188 | 208 | 228 | 248 |
| 9 | 29 | 49 | 69 | 89 | 109 | 129 | 149 | 169 | 189 | 209 | 229 | 249 |
| 10 | 30 | 50 | 70 | 90 | 110 | 130 | 150 | 170 | 190 | 210 | 230 | 250 |
| 11 | 31 | 51 | 71 | 91 | 111 | 131 | 151 | 171 | 191 | 211 | 231 | 251 |
| 12 | 32 | 52 | 72 | 92 | 112 | 132 | 152 | 172 | 192 | 212 | 232 | 252 |
| 13 | 33 | 53 | 73 | 93 | 113 | 133 | 153 | 173 | 193 | 213 | 233 | 253 |
| 14 | 34 | 54 | 74 | 94 | 114 | 134 | 154 | 174 | 194 | 214 | 234 | 254 |
| 15 | 35 | 55 | 75 | 95 | 115 | 135 | 155 | 175 | 195 | 215 | 235 | 255 |
| 16 | 36 | 56 | 76 | 96 | 116 | 136 | 156 | 176 | 196 | 216 | 236 | 256 |
| 17 | 37 | 57 | 77 | 97 | 117 | 137 | 157 | 177 | 197 | 217 | 237 | 257 |
| 18 | 38 | 58 | 78 | 98 | 118 | 138 | 158 | 178 | 198 | 218 | 238 | 258 |
| 19 | 39 | 59 | 79 | 99 | 119 | 139 | 159 | 179 | 199 | 219 | 239 | 259 |
| 20 | 40 | 60 | 80 | 100 | 120 | 140 | 160 | 180 | 200 | 220 | 240 | 260 |

## 搭乘銀河飛船，展開「星際生命之花」

找到你的星系印記後，現在開始來展開你的「星際生命之花」吧！

我們可以把這朵「星際生命之花」，看作是一個和諧運作的旅行團。右手邊是你的好同伴，左手邊則是你的歡喜冤家，底下則是你的祕密朋友（簡稱「祕友」），而博學多聞的領隊就在你的上方。這個小小的旅行團，正要坐上銀河飛船，體驗沒有時空限制的共時之旅。現在先來好好認識一下旅行團裡的夥伴們吧！

星系印記組合除了代表個人特質之外，也可以是流日／流年的能量品質，所以請感知其中的關鍵字與其衍生的意義。在學習13月亮共時曆時，用陰性能量的方式來學習，會帶給你更多感知，溫柔地接近曆法，讓它融入你的生活裡。

### ①右手邊的同伴（支持力量）

右邊的同伴跟你氣味相投，你們倆個性類似，總是手牽手玩在一起。你們總是相互支持，讓彼此都能表現出最好的自己。

```
          ┌──────────┐
          │   領隊    │
          │  (指引)   │
          └──────────┘
┌────────┐ ┌────────┐ ┌────────┐
│  冤家   │ │  主印記 │ │  同伴   │
│(挑戰/拓展)│ │        │ │  (支持) │
└────────┘ └────────┘ └────────┘
          ┌──────────┐
          │   祕友    │
          │(隱藏推動)  │
          └──────────┘
```

同伴的數字，跟你主印記的數字相加後等於19，也就是藍風暴圖騰的序號。你跟同伴之間的相處就像「呼吸」一樣自然，而你們兩個的力量加總起來，就像藍風暴一樣威力強大！

＊重點：氣味相投（調性一樣），圖騰數字加總為19（威力強大的藍風暴）

以下就來看看你的同伴是誰：

# 支持力量

| 組別 | 數字 | 圖騰 | 名稱 | 好同伴手牽手 | 對應的行星 |
|------|------|------|------|------------|-----------|
| 一 | 0/20 | | 黃太陽 | 風暴過去陽光就會出現，領悟與自我運生的力量就在我們之內。 | 冥王星 |
| | 19 | | 藍風暴 | | |
| 二 | 1 | | 紅龍 | 原生家庭是我們的鏡子，照出內在的模式。 | 海王星 |
| | 18 | | 白鏡 | | |
| 三 | 2 | | 白風 | 風帶來神聖的話語，讓紅地球經由共時性導航前進的方向，而共時性也確認聖靈的臨在。 | 天王星 |
| | 17 | | 紅地球 | | |
| 四 | 3 | | 藍夜 | 黃戰士的問號也是連結的天線，藍夜的直覺幫黃戰士接好天線。黃戰士的無懼，幫助藍夜信任自己的直覺與豐盛。 | 土星 |
| | 16 | | 黃戰士 | | |
| 五 | 4 | | 黃種子 | 藍鷹清晰地看見前方與整體藍圖，黃種子幫助錨定意念，確立方向。 | 木星 |
| | 15 | | 藍鷹 | | |
| 六 | 5 | | 紅蛇 | 生存本能強大，感官敏銳的紅蛇，若有白巫師往內看的品質支持，就不會上癮或耽溺於舒適圈。白巫師有紅蛇支持身體動能，更能內外合一與蛻變更新。 | 馬爾戴克星 |
| | 14 | | 白巫師 | | |
| 七 | 6 | | 白世界橋 | 橋搭起了空間之間的連結，天行者不受空間限制，給橋更多的可能性。 | 火星 |
| | 13 | | 紅天行者 | | |
| 八 | 7 | | 藍手 | 黃人的博學多聞，與藍手的實踐力，把腦中所想化為現實。 | 地球 |
| | 12 | | 黃人 | | |
| 九 | 8 | | 黃星星 | 重視細節的黃星星，與愛玩耍的藍猴，以輕盈的心在人間遊戲場裡優雅悠遊。 | 金星 |
| | 11 | | 藍猴 | | |
| 十 | 9 | | 紅月 | 紅月的情緒需要白狗忠於自我的愛支持，在流動之間，淨化療癒就發生了。 | 水星 |
| | 10 | | 白狗 | | |

這 20 個圖騰的同伴支持關係，也可以從行星之間的全息圖來看。圖騰 0/20-9（黃太陽～紅月）是將氣息從銀河吸氣進入太陽系，而圖騰 10-19（白狗 - 藍風暴）則是經過太陽，從太陽系往外吐氣到銀河。好同伴就是與你在同個頻率裡同聲共氣、支持彼此的夥伴*。

### ②左手邊的冤家（挑戰／拓展力量）

在你的左手邊，是你的「冤家」，也就是你的挑戰／拓展的力量。「危機就是轉機」，當你穿越了挑戰，就得到了拓展。

「冤家」的數字，是你主印記的數字加 10，也就是白狗。換句話說，你的挑戰／拓展的能量，需要你忠於自己的中心，以愛去接納與拓展、化解對立。當你能把相反特質的冤家給「收編」，你就拓展了！

＊重點：你的冤家和你是一樣的調性，只是不同面向的呈現。帶著愛的品質去面對挑戰，擴展你的心量，生命將有更多的可能性。

---

* 根據宇宙歷史編年史，馬爾戴克星（Maldek）原先是在太陽系裡第五軌道的星球，因為第六顆行星木星的巨大混亂而破裂，這也破壞了電磁流管迴路（electromagnetic flux tube circuit），那是用來連結行星與太陽的軌道和諧。

從馬爾戴克星，這些錯誤轉送到火星，使得那裡的文明燃燒殆盡，摧毀了火星的流管系統。接著業力的殘餘又傳送到了地球。因為地球以完整的系統在運作，系統中的某組件受到壓力，使得整個次序都承受了壓力。我們轉世來此是為了導正這些業力錯誤，並且創造出新的集體實相。每個我們所導正的業力流，都協助重新連結在人類心智裡消失世界的記憶迴路。

# 行星全息圖

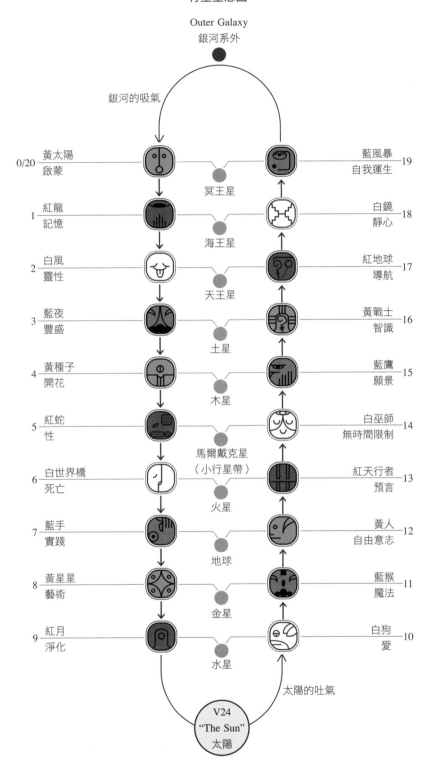

Outer Galaxy
銀河系外

銀河的吸氣

| | | | | |
|---|---|---|---|---|
| 0/20 | 黃太陽<br>啟蒙 | 冥王星 | 藍風暴<br>自我運生 | 19 |
| 1 | 紅龍<br>記憶 | 海王星 | 白鏡<br>靜心 | 18 |
| 2 | 白風<br>靈性 | 天王星 | 紅地球<br>導航 | 17 |
| 3 | 藍夜<br>豐盛 | 土星 | 黃戰士<br>智識 | 16 |
| 4 | 黃種子<br>開花 | 木星 | 藍鷹<br>願景 | 15 |
| 5 | 紅蛇<br>性 | 馬爾戴克星<br>（小行星帶） | 白巫師<br>無時間限制 | 14 |
| 6 | 白世界橋<br>死亡 | 火星 | 紅天行者<br>預言 | 13 |
| 7 | 藍手<br>實踐 | 地球 | 黃人<br>自由意志 | 12 |
| 8 | 黃星星<br>藝術 | 金星 | 藍猴<br>魔法 | 11 |
| 9 | 紅月<br>淨化 | 水星 | 白狗<br>愛 | 10 |

太陽的吐氣

V24
"The Sun"
太陽

| 組別 | 數字 | 符號 | 圖騰 | 特質 |
|---|---|---|---|---|
| 一 | 1 | | 紅龍 | 遠古、沉重、原生家庭 |
| | 11 | | 藍猴 | 輕盈、遊戲、天馬行空 |
| 二 | 2 | | 白風 | 溝通 |
| | 12 | | 黃人 | 我行我素 |
| 三 | 3 | | 藍夜 | 夢想可大可小，紅天行者拓展藍夜更大的可能性 |
| | 13 | | 紅天行者 | 藍夜以直覺挑戰紅天行者，打開豐盛的管道 |
| 四 | 4 | | 黃種子 | 黃種子的慢，白巫師要有耐心 |
| | 14 | | 白巫師 | 白巫師有自己的時間感，黃種子要理解 |
| 五 | 5 | | 紅蛇 | 強烈的安全感需求，不願意變動，需要不同視野 |
| | 15 | | 藍鷹 | 可能會好高騖遠，忘了接地氣 |
| 六 | 6 | | 白世界橋 | 連結、死亡、機會 |
| | 16 | | 黃戰士 | 無懼的拓展 |
| 七 | 7 | | 藍手 | 一步一腳印 |
| | 17 | | 紅地球 | 直覺導航 |
| 八 | 8 | | 黃星星 | 白鏡照見真實，雖然可能並不美麗，但若黃星星願意拓展，就能開展不同層次的看見 |
| | 18 | | 白鏡 | 黃星星與白鏡有各自的秩序與完美，照見他人也要照見自己 |
| 九 | 9 | | 紅月 | 情緒風暴之後，雨過天青 |
| | 19 | | 藍風暴 | 讓風暴的力量協助淨化與流動 |
| 十 | 10 | | 白狗 | 忠於自己，慈心之愛，利他即利己 |
| | 20 | | 黃太陽 | 普照之光，並非燃燒犧牲自己，而是忠於自己所發出的光芒 |

## ☆ 人體全息圖

　　20 個太陽圖騰，對應著人的雙手與雙腳。黃太陽是 0/20，所以從右手大拇指的黃太陽開始，依序從右手（圖騰序號 0-4）、右腳（圖騰序號 5-9）、左手（圖騰序號 10-14）、左腳排列下來（圖騰序號 15-19）。人體全息圖，可以讓我們更清楚的看到挑戰／拓展（冤家）的能量。當你把雙手雙腳合在一起，左右手指腳趾相對應的圖騰，就是彼此的挑戰／拓展能量。也就是説，當我們能夠把對立的挑戰力量結合起來，就如同雙手一起可以完成許多事、雙腳一起才能走得遠，身體的智慧已經告訴我們這個真理。每一組「冤家」的圖騰序號都相差 10，也就是白狗，這也是告訴我們，我們是愛的化身，愛就在我們身上！

　　例如：右手大拇指（黃太陽 0）Vs. 左手大拇指（白狗 10），右手小指（黃種子 4）Vs. 左手小指（白巫師 14），右腳第四趾（黃星星 8）Vs. 左腳第四趾（白鏡 18）……

　　有個朋友曾經右腳與左腳的大腳趾幾乎同時撞傷，對應到的圖騰是紅蛇與藍鷹，而他的生命狀態也正在一個需要清晰視野（藍鷹）與落地動能（紅蛇）的階段。所以如果身體的手指腳趾有些狀況，也可以對照相對應的圖騰，運用圖騰的意義來詮釋身體所帶來的訊息。

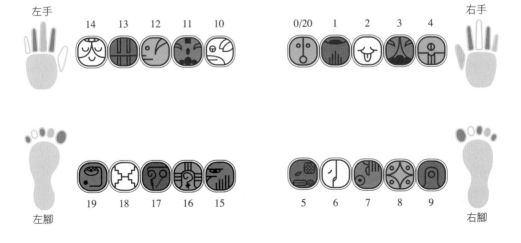

### ③下方隱藏的祕友（隱藏推動的力量）

水平方向的左右兩邊，右邊是「同伴」、左邊是「冤家」，垂直方向的下方，則是你隱藏版的祕密友人，簡稱為「祕友」。

你的祕友跟你是互補的，它是你的神祕力量，甚至可以想成是平行世界裡另一個版本的你。你們加起來的力量比 260 還多了 1，也就是兩者合 kin 是 261，而調性相加也是 13 再加 1（14）。當你整合了隱藏祕友的力量，將獲得強大的推動力，幫助你往更高版本推進！

＊重點：兩個圖騰的順序數字相加為 21（20 ＋ 1），合 kin 是 261（260 ＋ 1），調性相加是 14（13 ＋ 1），隱藏祕友就是讓你多「一」點力量！

若從卓爾金曆／和諧矩陣的圖表來看，你的隱藏祕友就是從你印記所在位置，如鏡射般穿過中心點（kin 130 & kin 131 之間），就可以看到在斜對角的隱藏祕友！比方說：kin 241（共振的紅龍）的隱藏祕友，就是穿過中心點後斜對角的 kin 20（共振的黃太陽），調性相加（共振 7 ＋共振 7）為 14，圖騰的順序數字相加（紅龍 1 ＋黃太陽 20）為 21，合 kin 是 241 ＋ 20 ＝ 261。

| 組別 | 數字 | 符號 | 圖騰 | 特質 |
|------|------|------|------|------|
| 一 | 1 | | 紅龍 | 頭尾相加（有如銜尾蛇），升維成為更高版本的紅龍 |
| | 20 | | 黃太陽 | |
| 二 | 2 | | 白風 | 當微風轉成暴風，如何有更大的影響力？透過話語、溝通，產生變革的力量 |
| | 19 | | 藍風暴 | |
| 三 | 3 | | 藍夜 | 藍夜的潛意識與夢境，映照出內在的真實 |
| | 18 | | 白鏡 | |
| 四 | 4 | | 黃種子 | 種子要播種在大地上才能成長，順流讓一切自動發生 |
| | 17 | | 紅地球 | |
| 五 | 5 | | 紅蛇 | 更新需要無懼的勇氣跨入未知，才能褪下過往，迎向更美好的可能 |
| | 16 | | 黃戰士 | |
| 六 | 6 | | 白世界橋 | 透過藍鷹清晰的願景，看見橋要怎麼搭建才能達成目標，而不是混亂的連結 |
| | 15 | | 藍鷹 | |
| 七 | 7 | | 藍手 | 白巫師的鍊金術，讓藍手得以點石成金。沒有藍手的務實，空有武林祕笈也是幻夢一場。 |
| | 14 | | 白巫師 | |
| 八 | 8 | | 黃星星 | 星星不能總是高掛天上，優雅的移動拓展，才能真正將美與藝術普及眾人。而天行者在遊走時，若能從容不迫，將發現世界更多的美 |
| | 13 | | 紅天行者 | |
| 九 | 9 | | 紅月 | 黃人的固執己見容易僵化，需要宇宙之水促進流動。紅月需要黃人的自由自在，讓情緒流動 |
| | 12 | | 黃人 | |
| 十 | 10 | | 白狗 | 明白人間遊戲場的幻象，更能忠於自性本心 |
| | 11 | | 藍猴 | |

### ④上方指引的領隊（引導的力量）

領隊非常有智慧，知道要因材施教，所以分成五個不同的小組：

一點家族（·1，⫶6，⫷11）：指引就是自己
二點家族（··2，⫸7，⫸12）：合作
三點家族（···3，⫸8，⫸13）：電流
四點家族（····4，⫸9）：穩固
橫線家族（—5，＝10）：開展

請記得，星系印記＝圖騰＋調性。位於引導位置（領隊）的星系印記，也是圖騰＋調性。引導的調性會與主印記相同，而圖騰則隨著主星系印記的圖騰屬於哪個小組而定。

| 主星系印記的調性 | 引導圖騰（領隊） |
|---|---|
| 一點族：1, 6, 11 | 和主印記相同 |
| 二點族：2, 7, 12 | 主印記圖騰序號＋12 所對應的圖騰 |
| 三點族：3, 8,13 | 主印記圖騰序號＋4 所對應的圖騰 |
| 四點族：4, 9 | 主印記圖騰序號＋16 所對應的圖騰 |
| 橫線族：5, 10 | 主印記圖騰序號＋8 所對應的圖騰 |

計算範例如下：

**一點族：**

kin 141 光譜的紅龍，那麼引導印記就跟主印記相同，也就是光譜紅龍 kin141。

**二點族：**

kin 15 月亮藍鷹，引導印記的調性是月亮（2）

計算圖騰：藍鷹圖騰序號 15 ＋ 12 ＝ 27, 27 － 20 ＝ 7（超過 20 則減去 20）。圖騰序號 7 ＝藍手

引導印記＝調性＋圖騰＝月亮藍手。從卓爾金曆最左欄找到圖騰序號 7 ＝藍手，再從藍手這一列往右找到月亮調性（兩個點），就可找到 kin67 ＝月亮藍手。

**三點族：**

kin 52 宇宙黃人，引導印記的調性是宇宙（13）

計算圖騰：黃人圖騰序號 12 ＋ 4 ＝ 16。圖騰序號 16 ＝黃戰士

引導印記＝調性＋圖騰＝宇宙黃戰士。從卓爾金曆最左側找到圖騰序號 16，再從黃戰士這一列往右尋找調性 13（2 個橫線＋上面 3 個點），即可找到 kin116 ＝宇宙黃戰士。

**四點族：**

kin 230 太陽白狗，引導印記的調性是太陽（9）

計算圖騰：白狗圖騰序號 10 ＋ 16 ＝ 26, 26 － 20 ＝ 6（超過 20 則減去 20）。圖騰序號 6 ＝白世界橋

引導印記＝調性＋圖騰＝太陽白世界橋。從卓爾金曆最左欄找到圖騰序號 6 白世界橋，再從這一列往右尋找調性 9（1 個橫線＋ 4 個點點），即可找到 kin 126 ＝太陽白世界橋。

**橫線族：**

kin 88 行星黃星星，引導印記的調性是行星（10）

計算圖騰序號：黃星星圖騰序號 8 ＋ 8 ＝ 16，圖騰序號 16

| 圖騰 | 調性 | | | | |
|---|---|---|---|---|---|

＝黃戰士

引導印記＝調性＋圖騰
＝行星黃戰士。從卓爾金曆
最左側找到圖騰序號 16 黃戰
士，再從這一列往右尋找調
性 10（2 個橫線），即可找
到 kin36 ＝行星黃戰士。

透過這樣的計算，會更
熟悉圖騰與調性之間的關係。
但如果覺得太麻煩，也可以
直接用引導圖騰表來找。

## ☆ 運用引導圖騰表來查找

先從左側的圖騰表找到
主印記的圖騰，然後在上方
的調性欄裡找到對應的調性
家族，兩者相交之處即是引
導圖騰。調性則與主印記相
同。引導印記＝調性＋圖騰。

## 找到你的地球夥伴——地球家族

接下來找到你在地球的夥伴，也就是地球家族。你的地球家族裡有四個圖騰，會在四年裡輪流出現，因此在 52 年的週期裡，四個圖騰會重複 13 次。總共有五個地球家族：極性家族，基本家族，核心家族，信號家族，以及通道家族。每個地球家族對應一個特定脈輪。

| 地球家族 | 成員（圖騰與圖騰序號） | 對應數字 | 對應脈輪 |
|---|---|---|---|
| 極性家族 | 黃太陽 (0/20)，紅蛇 (5)，白狗 (10)，藍鷹 (15) | 橫線 | 頂輪 |
| 基本家族 | 紅龍 (1)，白世界橋 (6)，藍猴 (11)，黃戰士 (16) | 一點 | 喉輪 |
| 核心家族 | 白風 (2)，藍手 (7)，黃人 (12)，紅地球 (17) | 二點 | 心輪 |
| 信號家族 | 藍夜 (3)，黃星星 (8)，紅天行者 (13)，白鏡 (18) | 三點 | 太陽神經叢 |
| 通道家族 | 黃種子 (4)，紅月 (9)，白巫師 (14)，藍風暴 (19) | 四點 | 海底輪 |

每年你生日當天的星系印記（調性＋圖騰），圖騰就在你所屬的地球家族裡輪流出現，每增加一年調性會加一。比方說，如果小玲的生日是 1985.7.25，那麼她的星系印記就是 kin 83 超頻藍夜（調性超頻 5 ＋圖騰藍夜），屬於「信號家族」，每年生日當天的星系印記就會是這樣（以 1986-1990 年為例）：

1986.7.25 韻律黃星星（調性：韻律＝ 6，圖騰：黃星星）
1987.7.25 共振紅天行者（調性：共振＝ 7，圖騰：紅天行者）
1988.7.25 銀河白鏡（調性：銀河＝ 8，圖騰：白鏡）
1989.7.25 太陽藍夜（調性：太陽＝ 9，圖騰：藍夜）
1990.7.25 行星黃星星（調性：行星＝ 10，圖騰：黃星星）
⋯⋯

從這五年的例子，可以看到圖騰就在藍夜所屬的「信號家族」依序輪流出現，在四年輪完之後又會回到原來的圖騰。而

調性則是每年加 1，直到 13 之後，再從 1 開始，所以當小玲 52 歲時，四個圖騰都輪流過十三次（4×13），此時就會回到出生時的星系印記。所以在馬雅文化裡，52 歲是非常重要的生日，代表你又回到了當初來到地球時的能量，而馬雅人認為 52 歲就晉升為「長老」，是有著豐富智慧的人，在部落中備受尊敬。

而每年的流年星系印記，就是看每年 7 月 26 日馬雅新年第一天的當日印記，而這天的星系印記就在這四個圖騰中輪流：黃種子，紅月，白巫師，藍風暴。例如：

2019.7.26：磁性（調性 1）白巫師
2020.7.26：月亮（調性 2）藍風暴
2021.7.26：電力（調性 3）黃種子
2022.7.26：自我存在（調性 4）紅月
2023.7.26：超頻（調性 5）白巫師
2024.7.26：韻律（調性 6）藍風暴
……

在這裡可看到每四年同一個圖騰就會出現，但因為調性是每年累加 1（直到 13 再回到 1），所以要有完全一模一樣的「調性＋圖騰」的組合，就會是 52 年（4×13 = 52）。有興趣的人可以去排看看每年的流年能量，也可以再與自己的星系印記合併來看，也許你會在裡面看到許多有趣的共時發生！

# *1328* 萬年曆

宇宙歷史的根基是太陽圈（solar ring）……地球繞著太陽轉，而它的軌道形成了太陽圈。1328 的曆法結構，校準了太陽圈的週期，得以意識到已編碼在其中的信息。在這個系統中，太陽的功能是個能量傳導器……和太陽頻率調頻，可以增進意識。

——《開啟你的多次元自我》（*Accessing Your Multidimentional Self*），P.91

正如前面提過，13 月亮共時曆的基礎，分為兩個部分：1328 萬年曆與 1320 卓爾金曆／和諧矩陣。在我學習的過程中，卓爾金曆是較不容易搞懂的部分，因為那是全新的概念與名詞，不過只要多接觸這些感覺陌生的詞語，它們將會逐漸成為你生活的一部分。

而 1328 的架構，代表一年有 13 個月亮（Moon），每個月亮有 28 天。28 天區分為 4 週，由 4 個顏色來表示：紅（啟動）、白（淨化）、藍（蛻變）、黃（成熟）。每週有 7 天，每天代表一個等離子的能量，所以走完一週 7 天，也就完成了一個 7 個等離子的週期。而每個等離子都對應到人體的一個脈輪，所以一週 7 天的循環，與人體的 7 個脈輪相連結，經歷了一次完整的循環。

## 等離子

等離子是怎麼來的呢？除了我們太陽系的太陽外，還有中心太陽（Central Sun），從中心太陽發散出七道光到不同的星系。這七道光掌管不同的生命品質，而我們的太陽在接收這七道光後，會與脈輪系統以及七個放射等離子相融合。每一束光，都是一種特定的力量或能量。地球上的人們，透過七個脈輪來接收放射等離子的能量。

7 個等離子

| 第一天 | 第二天 | 第三天 | 第四天 | 第五天 | 第六天 | 第七天 |
|---|---|---|---|---|---|---|
| Dali | Seli | Gamma | Kali | Alpha | Limi | Silio |

一週 7 天的等離子所對應的脈輪與意義如下：

第一天：Dali（達力）頂輪－對準
第二天：Seli（瑟力）根輪－流動
第三天：Gamma（伽馬）眉心輪「第三眼」－平靜
第四天：Kali（卡力）性輪－建立
第五天：Alpha（阿爾發）喉輪－釋放
第六天：Limi（黎米）太陽神經叢－淨化
第七天：Silio（西里歐）心輪－發射

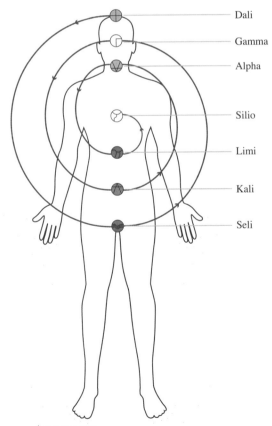

一週 7 天對應的順序，是從頂輪到根輪，再到眉心輪、性輪、喉輪、太陽神經叢、最後回到中心點的心輪，由外而內旋轉深入到中心的過程。在這個階段先了解每一天等離子的符號與脈輪位置，若有興趣做更深入的學習，每天還有對應的咒音與意義，也有相應的手印與瑜伽。

**色彩**

**第一週（紅色）：**
　知識、啟動、見解

**第二週（白色）：**
　謙遜、精煉、靜心

**第三週（藍色）：**
　耐心、轉化、行為

**第四週（黃色）：**
　力量、成熟、果實

| Dali | Seli | Gamma | Kali | Alpha | Limi | Silio |
|------|------|-------|------|-------|------|-------|
| 1 | 2 | 3 | 4 | 5 | 6 | 7 |
| 8 | 9 | 10 | 11 | 12 | 13 | 14 |
| 15 | 16 | 17 | 18 | 19 | 20 | 21 |
| 22 | 23 | 24 | 25 | 26 | 27 | 28 |

　　每一年的開始（7.26），啟動了「紅白藍黃」四週的規律，每一年的第一天都是 Dali，然後按照七個等離子的規律運行。所以每年的 7.26，不管是格里曆裡的星期幾，都是 Dali，而接下來每個月亮的第一天，也都是 Dali。格里曆每個月第一天不一定是星期一，但 13 月亮共時曆中，每個月亮的第一天一定是 Dali。

　　1328 的架構，是由一個個的週期／循環所構成，代表時間不是線性，而是多維度的循環。每天不是一條直線，有著開始和結束的端點，而是可以選擇上升或下降到不同維度的循環。

## 每個月亮的名稱

在 13 月亮共時曆裡，13 個月亮的名稱和 13 個銀河調性是相符的。我在開始學習 1328 萬年曆時，常覺得無法將某個月亮的特質與其力量動物連結起來，後來在時間法則的網站上找到一份資料，才明白原來這些力量動物取自於傳統的馬雅占星術 *，而每個月亮以力量動物和關鍵字串連起來，就可以看到完整能量流的意義。

每個月亮（Moon）對應格里曆的日期是不變的，所以也可與西洋星座相對應。把兩者合起來看，可以對每個月亮的能量質地更有感覺。

| 月亮 | 日期 | 西洋星座 |
|---|---|---|
| 第一個月亮：磁性蝙蝠之月 | 7.26-8.22 | 獅子座 |
| 第二個月亮：月亮天蠍之月 | 8.23-9.19 | 處女座 |
| 第三個月亮：電力鹿之月 | 9.20-10.17 | 處女座、天秤座 |
| 第四個月亮：自我存在貓頭鷹之月 | 10.18-11.14 | 天秤座、天蠍座 |
| 第五個月亮：超頻孔雀之月 | 11.15-12.12 | 天蠍座、射手座 |
| 第六個月亮：韻律蜥蜴之月 | 12.13-1.9 | 射手座、摩羯座 |
| 第七個月亮：共振猴子之月 | 1.10-2.6 | 摩羯座、水瓶座 |
| 第八個月亮：銀河鷹之月 | 2.7-3.6 | 水瓶座、雙魚座 |
| 第九個月亮：太陽豹之月 | 3.7-4.3 | 雙魚座、牡羊座 |
| 第十個月亮：行星狗之月 | 4.4-5.1 | 牡羊座、金牛座 |
| 第十一個月亮：光譜蛇之月 | 5.2-5.29 | 金牛座、雙子座 |
| 第十二個月亮：水晶兔之月 | 5.30-6.26 | 雙子座、巨蟹座 |
| 第十三個月亮：宇宙烏龜之月 | 6.27-7.24 | 巨蟹座、獅子座 |
| 無時間日 | 7.25 | 獅子座 |

---

* 資料來源：Thirteen Moons in Motion: A Dreamspell Primer

將每個月亮的力量動物結合關鍵字，可以幫助感知每個月亮的意義與能量。想像有個星空動物園，裡面有 13 種動物，每個動物都有一種最擅長的樂器，也就是它所守護的能力。這個「星空動物園爵士樂團」，要一起合奏出美妙的爵士樂，而每個動物都會有一段即興獨奏來表現它的樂器（亦即它所守護的月亮），整首爵士樂曲就在每個輪流的獨奏裡，完成一首精彩的表演。

| 力量動物 | 關鍵字 | |
|---|---|---|
| 第一個月亮：蝙蝠 | 統合目的（吸引） | Bat unifies purpose |
| 第二個月亮：天蠍 | 極化挑戰（穩定） | Scorpion polarizes challenge |
| 第三個月亮：鹿 | 啟動服務（結合） | Deer activates service |
| 第四個月亮：貓頭鷹 | 定義形式（衡量） | Owl defines form |
| 第五個月亮：孔雀 | 賦予命令力量（放射） | Peacock empowers command |
| 第六個月亮：蜥蜴 | 平衡均等（組織） | Lizard balances equality |
| 第七個月亮：猴子 | 啟發調和（通道） | Monkey inspires attunement |
| 第八個月亮：鷹 | 形塑完整（和諧） | Falcon models integrity |
| 第九個月亮：豹 | 實現意圖（脈動） | Jaguar realizes intention |
| 第十個月亮：狗 | 完美顯化（產出） | Dog perfects manifestation |
| 第十一個月亮：蛇 | 釋放自由（消融） | Serpent releases liberation |
| 第十二個月亮：兔 | 致力合作（普及） | Rabbit dedicates cooperation |
| 第十三個月亮：龜 | 持續當下（超脫） | Turtle endures presence |
| 無時間日 | 集體大合奏的歡慶時光 | |

而這 13 個月亮，對應到 13 個問題：

①我的**目的**是什麼？

②我的**挑戰**是什麼？

③我如何給出最好的**服務**？

④我以何種**形式**服務？

⑤我如何最好的**賦予**自己**力量**？

⑥我如何擴展**平等**於他人？

⑦我如何將我的服務與他人**調和**？

⑧我是否**活出我所相信的**？

⑨我如何**實現**我的目的？

⑩我如何**完美**我所做的？

⑪我如何**釋放與放下**？

⑫我如何**奉獻**自己於眾生萬物？

⑬我如何**散播**我的喜悅與愛？

這 13 個問題，也可用在每個 13 天的波符裡，通常稱為「**波符 13 問**」。調性（數字）對應的問題，可作為當日靜心或是提醒自己的方向，而答案就是當日相對應的圖騰！

## 每日黃金三角靜心

　　這個靜心會對應到人體的三個點，由當日星系印記的調性、圖騰，以及當天的等離子對應到人體的三個部位組成。三個點形成一個三角形，每天觀想這三點形成一個黃金三角形，將注意力放在身體的三個部位上。

　　①調性（數字）對應到人體的 13 個大關節，每天的星系印記都會有調性，可參考調性對應人體 13 個大關節的圖，找到相對應的關節（第一個點）。

　　②圖騰：20 個太陽圖騰對應雙手與雙腳，每個圖騰都會對應到某個手指或腳趾（第二個點）。

　　③等離子：每個等離子都對應到一個脈輪（第三個點）。

　　將三個點定位後，花幾分鐘的時間去感受這幾個定點，並且將之連結成三角形。可以依照調性在心中提問「波符 13 問」中的問句，而答案是圖騰。在心中感受問句與答案的關鍵字，敞開自己，接收來自銀河中心的信息。

　　比方說：2022 年 9 月 12 日，kin 117 宇宙紅地球，黃金三角靜心的三個定點分別是：

　　①調性：宇宙（13），對應的是「左腳踝關節」

　　②圖騰：紅地球，對應的是「左腳中趾」

　　③等離子：這天的等離子是 Silio，對應「心輪」

　　所以這一天的黃金三角形就是「左腳踝關節」、「左腳中趾」、「心輪」所形成的三角形。

　　可以依以下的步驟來靜心：

　　①請舒適地坐著，盤腿或坐在椅子上都可以。將背脊挺直，

讓中脈可以通暢。

　　②觀想今日的三個定點所形成的黃金三角形。請注意，意識在哪裡，能量就在哪裡。當我們把注意力放在這三個定點時，能量就會在這些地方。在這裡感受一下這三個定點，是否感知到什麼訊息？如果沒有也沒關係。

　　③今日的調性宇宙（數字 13），在波符 13 問裡的提問是：「我如何散播自己的喜悅和愛？」答案是圖騰，也就是「紅地球」。沉思這個提問與答案，是否和自己產生共振，或者可以從中找到各種可能性。

　　每天的黃金三角靜心，時間長短依自己的需要而定，這是個很好的每日定錨練習，可以更熟悉曆法與身體的共時密碼，並將曆法的能量帶入生活裡實踐。

附錄

## 馬雅人是時間管理者

首先要問的是，什麼是馬雅（Maya）？

馬雅這個詞，在許多古老文明都出現過：在印度教裡，Maya 是世界的起源、幻相之意。梵文中，Maya 與偉大、心智、神奇、母親……等觀念有關；Maya 是佛陀母親的名字；在吠陀經典《摩訶婆羅多》，Maya 是偉大的流浪部族的名字，他們是知名天文學者、魔術師、建築師。在埃及，Maya 是圖坦卡門財務大臣的名字，在埃及哲學裡，Mayet 意指「宇宙的世界次序」。希臘神話中，巨神阿特拉斯（Atlas）與普勒俄涅（Pleione）所生的女兒，也就是普勒阿德斯七姊妹（Pleiades），其中一位叫 Maia，正是昴宿星座裡最亮的那顆星。月份中的五月（May）的名稱，來自於羅馬女神、也就是春之女神 Maia。而中美洲的 Maya，在古書典籍中（如波波爾烏 Popol Vu）都說到，Maya 來自遠方。

可見「馬雅」，不是一個區域性的專屬名詞，各地的古老文明都有「馬雅」的存在。

《解讀地球生命密碼》是一本傳導昴宿星訊息的書，雖然出版已經數十年，裡面的訊息在今日看來仍然非常先進。書中提到：「『馬雅』的意思就是指實相的幻象。馬雅人是時間管理者，他們先進到能夠創造實相，引領未來的追求者獲得或喪失對他們真實身分的探索。許多有關馬雅的故事流傳在外，那是馬雅人的詭計及幻象的一部分。除非你們能進入其他實相，在其中遊歷，否則是無法了解的……馬雅人有許多祕密。他們留給外在世界的線索，就是引導你們、隱瞞你們、玩弄你們的線索，使得考古學家看見的是一回事，而從靈性之眼所見的卻是另一回事。」

克里昂在《新人類》書中的傳訊說：「馬雅曆是關於意識而不是日期的曆法，甚至也不用一年十二個月的系統，是完全不一樣的系統……那是關於能量、關於意識的曆法，它追蹤的對象是人性。」

　　荷西博士在其著作《馬雅元素》裡，詳細闡述了馬雅文明留給世人的智慧。他擷取馬雅曆法中的卓爾金曆，解碼裡面數字的奧祕，並在 1989 年發現時間法則。很多人以為 13 月亮曆等同於馬雅曆，這其實是錯誤的，因為這套曆法並不是當地馬雅人所使用的曆法。13 月亮曆確實運用了在馬雅曆法裡的宇宙數學法則，由於馬雅人在數學上的成就，知道正確的自然時間週期，但正確自然時間週期的數學並不屬於馬雅人，它們是普世的自然法則。

# 荷西・阿圭列斯（José Argüelles）小傳

講到這套曆法，必定要提到荷西・阿圭列斯博士，他將這套宇宙曆法從虛空中顯化，使得後世的我們得以繼續學習、開展。他和學徒暨伴侶史蒂芬妮・南（Stephanie South）一起，將星際馬雅人帕卡沃坦（Pacal Votan）與紅皇后留在地球的伏藏打開，將世上所有的古老智慧、宗教信仰、科學、藝術等相關知識結合在一起，整理成一套浩瀚的「宇宙編年史」。

荷西博士在 1939 年 1 月 24 日（kin 11，光譜的藍猴）出生於美國明尼蘇達州，2011 年 3 月 23 日逝世。他是芝加哥大學歷史與美學博士，曾任教於多所大學。

他在《馬雅元素》一書中自述，他於 14 歲時登上墨西哥特奧蒂瓦坎的太陽金字塔，發生了靈視經驗，在那個時刻他立下誓言：「不管在此曾經發生過什麼，我都會知道──不是以一個局外人或是考古學家，而是一個真正的知者與預言家。」自此奠定他走上馬雅文明研究的道路。他將一生的藝術工作奉獻於和平與星球意識轉化運動，其中最知名的就是發起 1987 年 8 月 16、17 日的「和諧匯聚」活動，提倡全球和平靜心，讓世界關注馬雅與馬雅曆法議題，同時他也是「地球日」（Earth Day）理念的創始人之一。

作為學者，他對《易經》的研究有著卓越貢獻，並深入研究《可蘭經》中蘊藏的數學密碼與時間法則的關聯性，而最受人矚目的是他在 1989 年發現並提出了「時間法則」（Law of Time），為馬雅曆法數學系統研究貢獻甚多。

自西元 1992 年到 2011 年，他環遊世界數次，舉辦無數場會議與研討會，並提倡以「時間就是藝術」（Time is Art）代替「時間就是金錢」（Time is Money）。「時間就是藝術」背後的意涵就是「和諧」，任何一件事物、一種關係，只要是和諧的就是藝術。

根據時間法則，現在人類陷入危機，因為人們深陷在一個錯誤且虛假的時間感知裡，導致人類文明加速與宇宙的自然次序背離。為了解決這個自我毀滅的情勢，與銀河意識集體統合是必要的，於是荷西博士倡議回歸自然的時間週期：透過運用13（月亮）28（天）的曆法。荷西博士透過試驗，發現1328曆法不僅是曆法，更是一個主宰共時性的「矩陣」（Matrix），所有其他的系統在其中都可共時。

　　當人們活在自然頻率時會發現，「共時」（一般人所認為的巧合或幸運）是一件再自然不過的事。

　　荷西博士在2011年3月23日早上6:10（kin 89）逝世，與他出生的時間相同，而這天也「正好」是帕卡沃坦逝世（西元683年）後的1328年。

# 馬雅人不是原住民？

唯有在星際中才能找到馬雅奧祕的解答
——《跨次元互聯網》

華裔作家姜峯楠原著《妳一生的預言》，改編為科幻電影《異星入境》（Arrival），小說原著和電影有些差異，但電影後面劇情的發展頗值得探究。

這部電影雖然在講外星人，卻不是一般的科幻電影。有一天，地球來了 12 艘太空船，在世界各地不同的地方降落，但是沒有任何行動，也不知道目的是什麼。一位優秀的語言學家露易絲・班克斯博士與另一位科學家，被美國政府徵召嘗試與外星人溝通，故事就此展開……這部電影不是以線性或倒敘的方式去鋪陳，而是以露易絲所見的世界作為敘事觀點，融合了她的未來與現在。裡面有很多「迴圈」的概念，不論是外星人所用的表達方式（圖象文字），或是劇情的鋪排，以及影片一開始就出現露易絲的女兒漢娜的名字（Hannah），都是迴圈。以漢娜（Hannah）這個名字來說，就是迴文，亦即從左邊唸到右邊，或從右邊唸到左邊，都是一樣的。時間也是一種迴圈，無始也無終。

電影裡面有句話很關鍵：「你使用的語言會決定你的思考模式。」桂格・布萊登曾經在他的著作《智慧密碼》（暫譯 The Wisdom Codes）裡說到，北美原住民霍皮族的語言，都是在「當下」，不像英文是線性的過去現在未來。就像中文語法，會發現我們也沒有線性的時式觀念，而且中文字是圖像（就像電影裡外星人使用的「文字」），而不是發音。

電影最後有個很重要的轉折點，就是露易絲獨自一人在進入飛船後，經歷了一種像是點化儀式的過程，使她能夠不受線性時間的限制，從未來擷取現在所需的關鍵信息，成功阻止了戰爭的發生。在外星人事件和平落幕後，她寫了一本書《共通

語言》（Universal Language），講述這個外星語言的故事。在我看來，宇宙的「共通語言」就是符號與數字，卓爾金曆就是宇宙共通的語言。

那這些外星人為何來地球呢？電影中說，因為未來他們會需要地球的幫助，所以他們來告訴地球人一個重要的訊息——時間並非如我們以為的是線性，未來可以被預知，甚至可以到不同的時間點去拿取現在所需的資訊。當我們的意識是圓而非線性，對立、戰爭、二元性都會消失，取而代之的是和諧融合與整體。這是這部電影要帶給我們的訊息，13 月亮共時曆的核心概念也正是如此。

也許我們可以把馬雅人視為「異星入境」裡的外星人，從遙遠的不知什麼地方來到地球留下紀錄，就像時間膠囊，等到時機對的時候，我們才能取用裡面的智慧。

在《跨次元互聯網》一書中，荷西博士發現，卓爾金曆是跨次元的參數與比例。在我們所處的三次元物質世界裡，物理學的元素週期表對於了解三次元的物質世界相當有用。卓爾金曆就像是元素週期表，只不過是跨次元銀河頻率的週期表。元素週期表裡含有 144 個元素，協助人們在三次元運作，卓爾金曆裡則內含 260 個銀河頻率，協助我們在多次元裡運作！卓爾金曆的 20 個太陽圖騰就像英文的 26 個字母，只要知道如何運作，26 個字母不再只是單一的字元，而是可以組合成極有威力的意義。同樣的，卓爾金曆也是如此。

馬雅人攜帶著如此簡單卻又有高度彈性的數字系統來到地球，目的是為了協助尚未進入銀河進化階段的地球人，將這個「銀河和諧模組」呈現並記錄下來。當然馬雅人並不是第一個將太陽系以外的智慧傳遞到地球的銀河大師，但馬雅人卻是在地球文明的歷史裡，最接近現代的銀河大師，並且將銀河資訊矩陣完整的帶來地球。

## 星際馬雅版本的人類歷史

　　星際馬雅人來到地球，留下了什麼紀錄呢？這些紀錄並不像中國有史官負責書寫，而是透過神話的方式流傳下來。所以神話不只是神話，因為無法直白明說，就只能以隱喻或傳奇的方式寫下、畫下或口傳。《聖經》中的啟示錄就是一個例子，裡面有太多隱喻，所以有各種不同的解釋。荷西博士為我們講述了星際馬雅人觀點的地球人類歷史[*]：


　　馬雅人知道，我們的星球在 5100 年前左右正要進入一個重要的銀河光束週期，這個週期攜帶著各種不同的銀河光束，而這些光束皆源於馬雅人稱為銀河中心的胡納庫（Hunab Ku）。胡納庫就像是能量強大的訊號發射站，它發送出的所有光束，每一道都有不同的程式。這些光束與生命元素互動，並協助生命元素演化，所以不論在哪個層次上，演化都能以最恰當的速度來進行，且盡可能地維持平衡。

　　5100 多年前，我們的星球就已經準備進入到這道特定光束的重要週期，嚴格來說是西元前 3113 年。此時第一位埃及法老美尼斯（Menes）統一了上下埃及，建立了「第一個」記載於歷史的王朝。馬雅人在星際間擔任共時工程師，確保任何星體或星際間發生的事物，不論演化發展到哪個階段，都與來自銀河中心的光束程式共時。這個 5125 年的週期（3113 BC-2012 左右），是地球進入這道宇宙光束的時期，當這顆星球在 2012 年逐漸推離這道光束時，所構思的計畫就是：人類「應當」要創造一個與大自然和諧共存的全球化文明，這會幫助人類與地球準備好進入下一階段的演化週期。

　　馬雅人所知道的是，在這個發展的關鍵期，光束攜帶著正確無誤的程式，而人類的基因迴路則稍稍脫軌。在光束前半段（此週期的前 2600 年），光束程式與錯誤的人類基因迴路間的

---

[*] 內容整理自荷西博士著作《馬雅元素》。

磨合異常並不明顯，但這個錯誤一直都在。在通過光束的一半之後，事物的進展開始加快，因此在西元前550年，也正好是這道光束的中點時，馬雅派出了他們當中的高層之一，這個人便是悉達多王子，後來被稱為釋迦摩尼佛，他的母親就叫馬雅（Maya），在佛陀進入涅槃後，他的追隨者建立了「歷史上」第一個宗教。

馬雅探測隊員發現，要製造基因版型從事植入的工作，最好是在新世界進行，才不容易被發現，因為舊世界太紛亂，如果被發現很可能會慘遭毒手。所以他們選擇了在墨西哥灣附近的叢林裡，那裡的人很和平不會四處開戰，有一群人叫奧爾梅克人（Olmac），即橡膠人（Rubber People），還有另一群人叫薩巴特克人（Zapotecs），即雲人（Cloud people）。這些族群擅長耕作，使用石頭、玉，還有美麗的織品，將魔法蘑菇稱為「神祇的肉身」，並用在正面用途上。他們居住在地球上時，使用「神祇的肉身」，可感受到銀河中心胡納庫。這些人跟動植物說話，觀看星空雲朵，星際馬雅人教導他們使用卓爾金曆，跟他們說這是260天循環週期的萬年曆，是每52年與他們的太陽曆交會一次的神聖曆法。

馬雅人在他們身上置入了一個特殊的基因模版，這是個與他們周遭環境相似到看不出異樣的模版。馬雅遵循著胡納庫的銀河光碼生活，從七個戰士部族中又各自劃分了13個部落，就這麼滲透到濃密的森林與高地，歷經數個世紀，每個人都使用260天的曆法。

在西元前三世紀以前，他們就已開始在墨西哥的中心建造一座名為特奧蒂瓦坎的城市（一塊神祇們觸碰地球之地），那是主要的中心點，原先不是馬雅人的地盤，後來成為馬雅星際探測隊喜愛且經常到訪的據點。

耶穌是第二位被派遣到舊世界的使者，在他來之前，特奧蒂瓦坎已有二十萬居民。特奧蒂瓦坎的太陽金字塔與埃及大金字塔有著幾乎相同的基底面積。西元元年，古墨西哥人與新世

界已經準備好要加速進程，如同埃及在舊世界建造大金字塔時，開始加速他們的進程一樣。

在此同時，馬雅人也在瓜地馬拉建造第一座龐大中心基地，就是現在的 El Mirador（埃爾米拉多），意思就是「觀哨」，馬雅人在此發送信號，每件事都按照計畫表進行。馬雅基地在此處建立，而探測隊就被稱為「地球上的馬雅人」。馬雅人對周遭的文化影響甚多，他們協助當地人提升至高等文明，重要的是，馬雅人並沒有去掌控他們。

這道重要宇宙光束（西元前 3113 年進入）有著 13 個巨大的頻率週期，稱為 Baktun 伯克頓，每個 Baktun 的時間大約是地球年 394 年再多一點。佛陀來此時所進入的是第七個週期，也就是第六個 Baktun（伯克頓的計算從 0 開始），基督則是在第八週期，也就是第七個伯克頓的尾聲。第九個伯克頓（435-830）中期，另一位星際探員也滲入地球，他就是穆罕默德。

當馬雅星際工程團隊在各地加速工作後，團隊的首領帕卡沃坦就來審查成果。西元 631 年，他將王宮建立在帕連奎，693 年陵墓完成。830 年，工程團隊撤離，回到外太空與其他次元，並在那裡持續觀測，而地面上的馬雅人也慢慢回歸叢林。此時特奧蒂瓦坎早已被攻破，一些戰士部落採用古托爾特克人（Toltec）的名字，意思是「偉大的建造者」，進入猶加敦半島，戰爭與人類獻祭自此出現。

後來，地球上的人們已經忘了佛陀、基督與穆罕默德的教導，於是另一位使者被派遣到新世界，那就是羽蛇神（Quetzal-coatl），馬雅人稱之為庫庫爾坎（Kukulkan），與帕卡沃坦一樣活了 52 年（西元 947-999）。他教導人們要彼此相愛和平相處，即使後來這些人背叛了他。在他離開之前，他留下了預言：將會有 13 個天堂與 9 個地獄，而每個週期都是 52 年。第一天堂週期始於 843 年，也就是偉大工程團隊離開（830 年）的 13 年後。羽蛇神的生命就在整個第三天堂的週期當中度過，最後第 13 天堂週期終結於 1519 年，接著就是 9 個地獄的週期。

事實上第一個地獄週期開始時，正好是科爾特斯（Cortes）踏上墨西哥領土的那天。第 9 個地獄週期結束於 1987.8.16，正是舉行和諧匯聚的那一天。

　　5125 年週期的光束，屬於 26000 年的光束時期裡的最後一個週期。26000 年的大光束關係著一整個進化階段，人類現在的演化階段被稱為智人（Homo Sapiens），26000 年前在這道光束最初的冰河時期出現，意思是聰穎的人類，而現代文明正是智人的聰明才智，在物質發展成就上到達高峰。

　　下一個新進化的品種是地球人（Homo terrestrials），亦即能與地球共同合作的人類，附加的獎賞就是：這種品種的星球人類將被賦予星際意識。

　　要讓我們恢復本質的訣竅很簡單，就是把我們被鎖在物化與三次元實相裡的開關切換過去，並認知到自己是多重宇宙裡的多次元生命體！但是在恢復本性之前，必須先醒來，清理淨化自己的行為，而清理的時間已到，要加快腳步了！

## 馬雅人神祕消失的原因?

荷西博士在《馬雅元素》這本書裡曾經提到霍皮族的瓦匹村 *,也就是南方的神祕紅色城市。霍皮族傳說建造此城只是為了獲得與整合知識系統,在建造完成之後就必須遺棄離開,使之成為知識的紀念碑。當時建造的部族在完成之後忘記了這個使命,漸漸地居民開始衰微,後來他們被敵對的部族喚醒了這個使命,從而離開了這個城市。

這個神話傳說也適用在馬雅,建造城市的目的是為了編碼與建造知識與科學的系統,並將之輸入在石頭與內容裡,離開是為了保存城市的完整。馬雅的知識與科學系統主要與時間週期有關,他們了解時間與宇宙及星際週期的性質,當他們預見黑暗時期(西班牙人入侵)即將來到,所以他們知道是時候要先放下離開。現在回顧我們的歷史,誰能說他們不對?荷西博士認為,馬雅古典時期有許多被遺棄的遺址,目的跟霍皮族的瓦匹村一樣,都是為了保留智慧與知識。

我曾多次造訪各處馬雅遺址,如科巴(Coba)與亞齊藍(Yaxchilan),裡面矗立著許多巨大的雕刻石柱,上面記錄了大量的數字、文字與圖騰。這些巨石碑就像是天線般,將來訪者與其中蘊含的智慧連結起來。有不少同去的夥伴說,站在這些巨石碑前,感覺到像電流通過般的強烈感受,就像在下載無字天書,雖然不見得在當下就明白,而這份連結已經進入到我們的意識層,有如時間膠囊,日後在對的時機裡將被解譯。

---

\* 我在第二章〈15. 直覺:從心出發的豐盛──藍夜波〉裡,提到曾去過霍皮族台地的瓦匹村。

# 〔附錄二〕預言的數字證明

（摘譯自《開啟你的多次元自我》*Accessing your multidimensional self*）

宇宙歷史奠基於數字方程式，因特定的時間週期而被引發。13 月亮曆是根據荷西博士關於 1260 與 1320 時間頻率的科學發現。

透過帕卡沃坦的陵墓，開始於 692 年，到 1952 年被打開，中間經過 1260 年，確認了這個時間頻率。而墓室開始於 692 年，第 13 個伯克頓（Baktun）結束於 2012，這中間經過 1320 年。

1260 代表了無意識接受本質上是人工的時間次序，而 1320 則是自然的時序。這樣的數字「巧合」，象徵了人工時間的結束與自然時序的啟動。

共時序的證明就在數字中。比方說，荷西‧阿圭列斯在帕卡沃坦離世後的 1328 年過世，而荷西的一生在宣揚 13 月亮 28 天的曆法，為的是「改變時代」。

以下是帕卡沃坦與瓦倫沃坦（Valum Votan，亦即荷西博士）預言式的相關性：

Valum Votan:1939-2011. Kin 11 出生，出生時是雙胞胎兄弟。
Kin 11 光譜藍猴的肯定確認句：我受我自身雙重的力量所指引

他的生日是他母親 30 歲的生日，以及父母的 11 週年結婚紀念日。他是水瓶座，黃道十二宮裡的第 11 個星座。在數字上，光譜的藍猴寫成 11.11。他在 Kin 89 過世，是費伯納奇數列的第 11 個數字（也就是黃金分割數列，費式數列的前兩項為 1、1，之後的每一項為前兩項之和，1、1、2、3、5、8、13、21、

34、55、89）

帕卡沃坦是帕連奎的第 11 個國王。帕卡統治了 52 年，52 是 5200 的碎形。在 26000 的週期中，有五個 5200 年的週期。

52 是一年中的星期數（364 天＋1），也是天狼星 A 與天狼星 B 運轉週期的時間。13 月亮曆也是以完美的 52 年週期來運轉。

帕卡沃坦的陵墓於 1952 年被打開，至 2012 有 60 年，kin 60 是銀河黃太陽，也是帕卡沃坦的出生印記。他的墳墓是在 1260 年後（1952 年＝ 692 ＋ 1260）被發現。1260 在《啟示錄》裡面很重要。在《啟示錄》（Book of Revelation）提到兩個先知被驅逐了 1260 天（1260 ＝錯誤的巴比倫時間週期）。

12 ＋ 60 ＝ 72，是荷西博士離世的年紀。

帕卡沃坦的墓室從 692 年開始，到 2012 年，正好是 1320 年。13 ＋ 20 ＝ 33 ＝ 11 ＋ 22。

1320 重新排列就是 2013，銀河共時之年，進入新的銀河光束。

# 後記

「這是一本療癒之書，也是一本解開臍輪束縛的書」
——昂宿星母（透過 Asha 傳訊）


　　五月某天清晨，橫跨太平洋兩岸的我和 Asha*，正在為雪士達靈性大會的相關事項聯絡。就在事情討論一個段落，突然間有位存有想透過她與我對話……Asha 說她從未見過這位存有，祂是我的守護神，一位膚色黝黑、體格較壯碩的女神，代表石頭和水晶的女性力量，祂有話要告訴我**……

∞∞∞∞∞∞∞∞∞∞∞∞∞∞∞∞∞∞∞∞∞∞∞∞∞∞∞∞∞∞∞

　　這本書的誕生並不容易。寫書的過程經歷疫情的種種發生，被迫停頓的世界讓人們有機會反思，而我也在此時開始更深入地面對單獨的自己：人生已到下半場，我還可以做些什麼讓世界變得更好嗎？我是否走在正確的道路上？這是我要的生活嗎？

　　曾經好幾度我想要放棄，因為不知道自己為何而寫，也不確定內在直覺接收到的感知是否為真。漫長的寫作過程裡，我花了許多時間將過去的重大事件與 13 月亮曆對照，不斷讓我驚嘆的巧合讓我反覆確認，這是一個必須且重要的回顧。我也曾很羨慕作家朋友十天就可以寫完一本書，或者只要輕輕鬆鬆就文思泉湧，或者有高靈傳訊自動書寫，而我卻像是薛西佛斯，

---

\* 華人世界著名靈媒，傳遞高靈訊息，現居加拿大。

\*\*一開始我不知道這位守護神是誰，在與 Asha 通話結束後，我的內在一直看到一個女神，於是上網查找她的圖片傳給 Asha，也獲得了她的確認。原來是與我一直有連結的昂宿星母，圖片是「列木里亞之女」原文版的封面，是創作者透過靈視看到的星母樣貌。而的的喀喀湖與雪士達山都與列木里亞文明有關。當我知道這位存有是昂宿星母時，內在非常感動，因為我知道，祂，一直都在。

日復一日奮力的寫著，有些時候靈感迸發，有些時候文思枯竭，時不時停筆沉思，到底我能從自己的生命歷程裡，帶給讀者什麼？

就在這段時間裡，一向健朗的母親身體開始有狀況，在長達半年歷經不同科別的檢查後，決定開刀。開刀後的復原期，原生家庭早已存在的議題一一浮現，我這時恍然明白，原生家庭是每個靈魂投生地球時的基本配備，生命旅程不管走了多遠多久，終究還是要回到賦予生命的源頭。正如疫情迫使人們停下腳步，面對養育我們的地球生病，我們需要找到解方；母親的疾病，也讓我開始正視過往家中避而不談的議題，學習怎麼讓無法說出口的愛，逐漸進入日常。

初稿完成後，又經歷了許多波折，出版的時程也一延再延，考驗著我的耐心與信心。我的自我懷疑又開始上身，甚至想將書稿束之高閣。某天清晨四點多，我突然醒來準備開始晨練，一打開手機就收到 Asha 的問候訊息，就在短短的交談後，幾天之內如風火輪般，我決定參與在雪士達舉行的靈性大會，並以此書為主題發表專題演講！這突如其來的機緣，我內在很清晰的知道，這是來自宇宙的邀請，也是一場共時性的匯聚。

我一直都想去雪士達山，那將是我聖地之旅中相當重要的一站，而我也知道，我將在最適合的時刻造訪這久別重逢之地。十多年以來，我的足跡從尼泊爾、西藏、印度，到澳洲、美國、墨西哥、秘魯與玻利維亞，中間還穿插了不少佛國聖地，每「回到」一個地方，靈魂的拼圖就愈形完整。2018 年冬至在秘魯的的喀喀湖阿曼塔尼島的儀式（詳見第二章），來自巴西的七姊妹聖團女祭司們，將我與雪士達的能量錨定連線（雪士達與的的喀喀湖位在同一條地球靈線上），當時我狹隘的三次元大腦未能預知，在數年之後以這樣的共時機緣連上線。

∞∞∞∞∞∞∞∞∞∞∞∞∞∞∞∞∞∞∞∞∞∞∞∞

回到五月的這日清晨，Asha 說這位膚色黝黑的女神有話要告訴我：


　　「妳寫這本書的時候，在物質層面與家庭層面會一直有碰撞，來來回回的。這本書在能量層面上，可以幫助很多想要活出自己的人。這個『活出自己』，跟你前幾年的經驗有關，不管是物質上、靈性上、為人處世、身為女兒或伴侶……

　　「這本書在能量裡會有這麼多的小波折是很好的，因為這就是敲開妳臍輪裡面被牽制的力量……可以讓很多人，尤其是有女性傷痛、覺得自己不配得的人，都可以很好的被看到。

　　「讓你的家族與看到這本書的人可以被療癒，是很重要的。」


　　女神的訊息，解答了我的疑惑。原來這本書，與我的生命同步。在那些自我懷疑、反覆不定的過程裡，我逐漸釐清了「我是誰？」「我從哪裡來？」「要往何處去？」。因為寫這本書，啟動了家族業力的清理，也因為寫這本書，讓我更清晰的知道，「活出自己」不是口號，而是需要實實在在的去經歷。

　　「活出自己」，不是自私，也不是以自我為中心。而是如何以愛的頻率，跳脫三次元的思考與束縛，進入共好的和諧裡。


　　這本書的完成，除了感謝這十多年來的共時機緣與有形無形的存有，特別要感謝生命裡的夥伴，使我從內在長出力量，敦促我活出自己。感謝原生家庭的放手與信任，讓我可以選擇不一般的生命道路。感謝一路上遇到的良師益友，讓我在往前走的路上，有著結伴同行的溫暖。而本書的出版，要謝謝多年老友 Asha 的共時連線，應證了在同一場域裡，意識超越光速；

更要謝謝藍總編與夥伴們，以跑百米的衝刺速度，讓這本書成為我的生日獻禮。

最後，祝福所有閱讀本書的你／妳，可以自在地運用 13 月亮曆來校準順流，活出「和諧共好」的自己。

2023.5.31 kin 118 磁性白鏡，白鏡波

# 愛的共時校準：與星際馬雅 13 月亮曆同頻創造

| | | |
|---|---|---|
| 作　　　者 | 彭芷雯 | |
| 責 任 編 輯 | 徐藍萍 | |

| | |
|---|---|
| 版　　　權 | 吳亭儀、江欣瑜 |
| 行 銷 業 務 | 周佑潔、賴正祐、華華 |
| 總 編 輯 | 徐藍萍 |
| 總 經 理 | 彭之琬 |
| 事業群總經理 | 黃淑貞 |
| 發 行 人 | 何飛鵬 |
| 法 律 顧 問 | 元禾法律事務所王子文律師 |
| 出　　　版 | 商周出版　台北市 104 民生東路二段 141 號 9 樓 |
| | 電話：(02) 25007008　傳真：(02)25007759 |
| | E-mail：ct-bwp@cite.com.tw　Blog：http://bwp25007008.pixnet.net/blog |
| 發　　　行 | 英屬蓋曼群島商家庭傳媒股份有限公司城邦分公司 |
| | 台北市中山區民生東路二段 141 號 2 樓 |
| | 書虫客服服務專線：02-25007718　02-25007719 |
| | 24 小時傳真服務：02-25001990　02-25001991 |
| | 服務時間：週一至週五 9:30-12:00　13:30-17:00 |
| | 劃撥帳號：19863813　戶名：書虫股份有限公司 |
| | 讀者服務信箱 E-mail：service@readingclub.com.tw |
| 香 港 發 行 所 | 城邦（香港）出版集團有限公司　香港灣仔駱克道 193 號東超商業中心 1 樓 |
| | E-mail: hkcite@biznetvigator.com　電話：(852)25086231　傳真：(852)25789337 |
| 馬 新 發 行 所 | 城邦（馬新）出版集團 Cite (M) Sdn Bhd |
| | 41, Jalan Radin Anum, Bandar Baru Sri Petaling, 57000 Kuala Lumpur, Malaysia. |
| | Tel: (603) 90578822　Fax: (603) 90576622　Email: cite@cite.com.my |

| | |
|---|---|
| 設　　　計 | 李東記 |
| 印　　　刷 | 卡樂彩色製版印刷有限公司 |
| 總 經 銷 | 聯合發行股份有限公司　新北市 231 新店區寶橋路 235 巷 6 弄 6 號 2 樓 |
| | 電話：(02) 2917-8022　傳真：(02) 2911-0053 |

■ 2023 年 8 月 31 日初版

Printed in Taiwan

定價 520 元

**城邦讀書花園**
www.cite.com.tw

線上版回函卡

國家圖書館出版品預行編目 (CIP) 資料

愛的共時校準：與星際馬雅 13 月亮曆同頻創造 / 彭芷雯 著 . -- 初
版 . -- 臺北市：商周出版：英屬蓋曼群島商家庭傳媒股份有限公
司城邦分公司發行，2023.09
面；　公分

ISBN 978-626-318-820-4（平裝）

1.CST：曆法 2.CST：預言 3.CST：靈修

298.12　　　　　　　　　　　　　　　　　112012848